高等院校物流管理专业系列教材　物流企业岗位培训系列教材

物流仓储与配送实务

（第2版）

刘　华　胡彦平　主　编
常冬雨　郭淑缓　副主编

清华大学出版社
北　京

内 容 简 介

本书根据物流仓储配送发展的新特点，系统介绍了仓储与仓储管理、仓储经营管理要素、仓储作业管理、库存控制、仓储合同管理、仓储配送管理、仓储与配送的成本管理与绩效评估等物流仓储配送管理知识，并通过就业能力训练，培养、提高读者的应用能力。

本书具有知识系统、内容丰富、案例经典、版式活泼、注重创新、集理论和实践于一体等特点。本书既可以作为普通高等院校、高等职业院校物流管理及工商管理等经管专业教学的教材，也可以用于物流企业从业人员的在岗职业培训，同时对广大社会创业者也是一本非常有益的指导手册。

本书封面贴有清华大学出版社防伪标签，无标签者不得销售。
版权所有，侵权必究。举报：010-62782989，beiqinquan@tup.tsinghua.edu.cn。

图书在版编目(CIP)数据

物流仓储与配送实务/刘华,胡彦平主编. —2版. —北京：清华大学出版社，2018（2024.1重印）
（高等院校物流管理专业系列教材　物流企业岗位培训系列教材）
ISBN 978-7-302-49509-3

Ⅰ.①物… Ⅱ.①刘… ②胡… Ⅲ.①物流管理－仓库管理－高等学校－教材 ②物资配送－物资管理－高等学校－教材 Ⅳ.①F253 ②F252.2

中国版本图书馆CIP数据核字(2018)第020785号

责任编辑：田在儒
封面设计：傅瑞学
责任校对：刘　静
责任印制：杨　艳

出版发行：清华大学出版社
网　　址：https://www.tup.com.cn，https://www.wqxuetang.com
地　　址：北京清华大学学研大厦A座　　　　邮　编：100084
社 总 机：010-83470000　　　　　　　　　邮　购：010-62786544
投稿与读者服务：010-62776969，c-service@tup.tsinghua.edu.cn
质量反馈：010-62772015，zhiliang@tup.tsinghua.edu.cn
课件下载：https://www.tup.com.cn，010-83470410

印 装 者：三河市铭诚印务有限公司
经　　销：全国新华书店
开　　本：185mm×260mm　　印　张：12.75　　字　数：292千字
版　　次：2008年8月第1版　2018年7月第2版　　印　次：2024年1月第4次印刷
定　　价：35.00元

产品编号：077226-01

丛书编审委员会

主　任
牟惟仲　中国物流技术协会理事长、教授级高级工程师

副主任
翁心刚　北京物资学院副院长、教授
冀俊杰　中国物资信息中心原副主任、总工程师
张昌连　中国商业信息中心原主任、总工程师
吴　明　中国物流技术协会副理事长兼秘书长、高级工程师
李大军　中国物流技术协会副秘书长、中国计算机用户协会市场发展分
　　　　会秘书长

委　员（以姓氏笔画为序）
　　　　吴江江　林　征　车亚军　张建国　孙　军　梁　露
　　　　刘徐方　田振中　张劲珊　李爱华　刘阳威　郑秀恋
　　　　王　艳　罗佩华　李　青　刘　华　林玲玲　梁　旭
　　　　王海文　刘丽艳　李耀华　卢亚丽　丁玉书　温卫娟
　　　　张淑谦　林南南　李秀华　刘文歌　朱凤仙　任　斐
　　　　崔　娜　李战国　王雅华　张如云　罗松涛　于汶艳

总　编　李大军
副总编　刘徐方　王海文　李爱华　田振中　孙　军

序言

物流是国民经济的重要组成部分,也是我国经济发展新的增长点,加快我国现代物流发展,对于调整经济结构、促进产业升级、优化资源配置、改善投资环境、增强综合国力和企业竞争能力、提高经济运行质量与效益、实现可持续发展战略、推进我国经济体制与经济增长方式的根本性转变,具有非常重要而深远的意义。

为推动我国现代物流业的健康快速发展,国务院连续下发《物流业调整和振兴规划的通知》(国发〔2009〕8号)、《关于促进物流业健康发展政策措施的意见》(国办发〔2011〕38号)、《关于促进内贸流通健康发展的若干意见》(国办发〔2014〕51号)等多个文件,制定和完善相关配套政策措施,以有序实施和促进物流企业加大整合、改造、提升、转型的力度,并逐步实现转型发展、集约发展、联动发展、融合发展。在保证我国物流总量平稳较快增长的同时,通过物流的组织创新、技术创新、服务创新,加快供需结构、地区结构、行业结构、人力资源结构、企业组织结构的调整步伐,创新服务模式,提高服务能力,努力满足经济建设与社会发展的需要。

2015年3月,经国务院授权,国家发展和改革委员会、外交部、商务部发布了《推动共建丝绸之路经济带和21世纪海上丝绸之路的愿景与行动》。随着我国改革开放和社会主义市场经济的加速推进,随着国家"一带一路、互联互通"总体发展战略的制定和实施,我国迅速融入全球经济一体化的进程,中国市场国际化的特征越发凸显。

物流既涉及国际贸易、国际商务活动等外向型经济领域,也涉及交通运输、仓储配送、通关报检等多个业务环节。当前面对世界经济的迅猛发展和国际市场激烈竞争的压力,加强物流科技知识的推广应用,加速物流专业技能型应用人才的培养,已成为我国经济转型发展亟待解决的问题。

需求促进专业建设,市场驱动人才培养。针对我国高等院校物流教材陈旧和知识老化而急需更新的问题,为了适应国家经济发展和社会就业急需,为了满足物流行业规模发展对操作技能型人才的需求,在中国物流技术协会的支持下，我们组织北京物资学院、大连工业大学、北京城市学院、吉林工程技术师范学院、北京财贸职业学院、郑州大学、哈尔滨理工大学、燕山大学、浙江工业大学、河北理工大学、华北水利水电学院、江西财经大学、山东外贸职业学院、吉林财经大学、广东理工大学等全国 20 多个省市高等院校物流管理专业的主讲教师和物流企业经理，共同精心编撰了此套教材，旨在迅速提高高等院校物流管理专业学生和物流行业从业者的专业技术素质，更好地服务于我国物流产业和物流经济。

本套教材作为高等院校物流管理专业的特色教材，融入了物流运营管理的最新教学实践理念，坚持以科学发展观为统领，力求严谨，注重与时俱进。根据物流业发展的新形势和新特点，依照物流活动的基本过程和规律，全面贯彻国家教育事业发展"十三五"规划，按照物流企业对用人的需求模式，结合解决学生就业加强实践能力训练，注重校企结合、贴近物流行业企业业务实际，注重新设施、设备操作技术的掌握，强化实践技能与岗位应用能力的培养训练，并注重教学内容和教材结构的创新。

本套教材根据高等院校物流管理专业教学大纲和课程设置，各教材的出版对强化物流从业人员教育培训、提高经营管理能力，对帮助学生尽快熟悉物流操作规程与业务管理，毕业后能够顺利走上社会就业岗位具有特殊意义。

中国物流技术协会理事长　牟惟仲
2017 年 8 月于北京

前言

物流是流通的命脉,也是国家经济建设的重要支撑,物流业现已成为我国经济发展新的增长点,物流产业化进程在我国国民经济发展中占有重要的位置。现代物流仓储与配送运营管理对规范经营、完善服务、降低成本、减少损失、提高经济效益、提升物流品质、获取国内外客户满意度等方面具有积极的促进功能;对物流企业经济运行的质量和效益产生重大影响,并在国际大物流中发挥着衔接、协调、枢纽等极其重要的作用。因而,越来越受到我国物流行业主管部门和物流企业的高度重视。

当前,随着国家"一带一路、互联互通"总体发展战略的制定和实施,面对物流市场国际化的迅速发展与激烈竞争,对从事物流仓储配送工作人员素质的要求越来越高,社会物资流通和物流产业发展急需大量实用型、技能型、操作型的专门人才。

为了保障我国全球经济活动和国际化物流服务业的顺利运转,加强现代物流仓储配送作业与管理从业者的应用知识技能培训,强化专业技能与综合业务素质培养,加速推进物流产业化进程,提高我国物流仓储与配送管理水平,更好地为我国物流经济和物流教学实践服务,这既是物流企业快速可持续发展的战略选择,也是本书出版的真正目的和意义。

本书自2008年出版以来,因写作质量高、突出应用能力培养,深受全国各高等院校广大师生的欢迎,已多次重印。此次再版,作者审慎地对原教材进行了反复论证、精心设计,包括压缩篇幅、补充知识、增加技能训练等,并根据教学课改要求,进行了结构调整,将物流仓储与物流配送两部分内容进行了集成,以使其更贴近现代物流仓储配送发展实际,更好地为国家物流经济和教学服务。

本书共分七章,以学习者应用能力培养为主线,坚持科学发展观,根据物流仓储配送发展的新特点,结合物流仓储与配送业务工作环节及其具体操作规程,系统介绍了仓储与仓储管理、仓储经营管理要素、仓储作业管理、库存控制、仓储合同管理、仓储配送管理、仓储与配送的成本管理和绩效评估等物流仓储配送管理知识,并通过就业能力训练,培养、提高读者的应用能力。

由于本书融入了物流仓储与配送管理最新的教学理念,力求严谨,注重与时俱进,具有知识系统、理论适中、内容丰富、案例经典、注重创新、集理论和实践于一体等特点,本书既可以作为普通高等院校、高等职业院校物流管理及工商管理等经营专业教学的教材,也可以用于物流企业从业人员的在岗职业培训,同时对广大社会创业者也是一本非常有益的指导手册。

本书由李大军筹划并具体组织,刘华和胡彦平为主编,刘华统改稿,常冬雨和郭淑缓为副主编,由具有丰富教学实践经验的刘徐方教授审定。作者编写分工:牟惟仲(序言);刘华(第一章、第四章);郭淑缓(第二章);胡彦平(第三章);常冬雨(第五章、第七章);王凯(第六章);刘丽艳(附录);华燕萍、李晓新(文字修改、版式调整、教学课件制作)。

本书修订再版过程中,我们参阅借鉴了大量国内外有关仓储与配送管理的最新书刊资料,及国家新近颁布实施的物流法规与行业主管部门的相关管理规定,并得到物流业界有关专家教授的具体指导,在此一并致谢。为了配合教学,本书配有电子课件,读者可以从清华大学出版社网站(www.tup.com.cn)免费下载使用。因物流业发展快、编者水平有限,书中难免有疏漏和不足,恳请同行和读者批评指正。

编　者

2018 年 2 月

目录

第一章 仓储与仓储管理 …………………………………………………… 1

  第一节 仓储与仓储业 ………………………………………………… 2
    一、仓储的含义 …………………………………………………… 2
    二、仓储的功能与作用 …………………………………………… 3
    三、仓储业 ………………………………………………………… 5
  第二节 仓储管理 ……………………………………………………… 6
    一、仓储管理的含义 ……………………………………………… 6
    二、仓储管理的内容 ……………………………………………… 6
    三、仓储管理的原则 ……………………………………………… 7
    四、仓储在物流管理中的地位 …………………………………… 7
  第三节 库存管理 ……………………………………………………… 8
    一、库存的含义 …………………………………………………… 8
    二、库存的功能 …………………………………………………… 8
    三、影响库存控制的因素 ………………………………………… 9
    四、判断库存合理化的标志 ……………………………………… 9
  本章小结 ………………………………………………………………… 10
  课堂实训 ………………………………………………………………… 11
  思考练习 ………………………………………………………………… 12

第二章 仓储经营管理要素 ………………………………………………… 13

  第一节 组织结构与人员配备 ………………………………………… 15
    一、组织结构建立的原则 ………………………………………… 15
    二、典型的仓储企业组织结构形式 ……………………………… 16
    三、仓储企业人员职业资质要求 ………………………………… 17
  第二节 仓库的分类 …………………………………………………… 19
    一、按使用范围分类 ……………………………………………… 20

二、按保管物品种类的多少分类 ………………………………………………… 21
　　三、按仓库保管条件分类 ………………………………………………………… 21
　　四、按仓库建筑结构分类 ………………………………………………………… 23
　　五、按建筑结构分类 ……………………………………………………………… 24
　　六、按库内形态分类 ……………………………………………………………… 25
　　七、按仓库功能分类 ……………………………………………………………… 26
第三节　仓储设施设备 …………………………………………………………………… 27
　　一、货架 …………………………………………………………………………… 27
　　二、叉车 …………………………………………………………………………… 30
　　三、托盘 …………………………………………………………………………… 30
　　四、堆垛机 ………………………………………………………………………… 31
　　五、输送机 ………………………………………………………………………… 32
　　六、起重机 ………………………………………………………………………… 32
第四节　仓储布局与区域划分 …………………………………………………………… 33
　　一、仓库总平面布局设计 ………………………………………………………… 33
　　二、功能区域划分 ………………………………………………………………… 35
　　三、库内货区布局 ………………………………………………………………… 38
　　四、货位编号 ……………………………………………………………………… 41
本章小结 ……………………………………………………………………………………… 42
课堂实训 ……………………………………………………………………………………… 42
思考练习 ……………………………………………………………………………………… 44

第三章　仓储作业管理 ……………………………………………………………………… 45

第一节　入库作业 ………………………………………………………………………… 47
　　一、入库前的准备工作 …………………………………………………………… 48
　　二、货物接收 ……………………………………………………………………… 49
　　三、验收作业 ……………………………………………………………………… 52
　　四、办理交接手续 ………………………………………………………………… 54
　　五、入库上架 ……………………………………………………………………… 57
第二节　在库作业 ………………………………………………………………………… 59
　　一、物品的保管作业 ……………………………………………………………… 59
　　二、物品的养护作业 ……………………………………………………………… 67
　　三、在库物品的盘点 ……………………………………………………………… 74
第三节　出库作业 ………………………………………………………………………… 76
　　一、物资出库的基本要求 ………………………………………………………… 77
　　二、出库作业程序 ………………………………………………………………… 77
　　三、出库中发生问题的处理 ……………………………………………………… 81

四、退货处理 …………………………………………………………… 82
　本章小结 ………………………………………………………………… 83
　课堂实训 ………………………………………………………………… 84
　思考练习 ………………………………………………………………… 86

第四章　库存控制 …………………………………………………………… **87**

　第一节　库存与库存控制 ………………………………………………… 88
　　一、库存的类型 …………………………………………………………… 88
　　二、库存控制的功能 ……………………………………………………… 89
　　三、库存控制的合理化 …………………………………………………… 90
　第二节　安全库存 ………………………………………………………… 91
　　一、安全库存的含义 ……………………………………………………… 91
　　二、安全库存量的确定 …………………………………………………… 92
　　三、降低安全库存 ………………………………………………………… 96
　　四、库存控制的模型 ……………………………………………………… 96
　第三节　库存控制的方法 ………………………………………………… 99
　　一、运用ABC分类法对库存商品进行重点管理 ……………………… 99
　　二、运用订货点技术控制库存 ………………………………………… 102
　　三、供应商管理库存(VMI)的运用 …………………………………… 109
　本章小结 ………………………………………………………………… 111
　课堂实训 ………………………………………………………………… 111
　思考练习 ………………………………………………………………… 114

第五章　仓储合同管理 ……………………………………………………… **116**

　第一节　仓储合同基本知识 ……………………………………………… 117
　　一、仓储合同的定义 …………………………………………………… 117
　　二、仓储合同当事人 …………………………………………………… 117
　　三、标的和标的物 ……………………………………………………… 121
　第二节　仓储合同的订立 ………………………………………………… 122
　　一、仓储合同订立的原则 ……………………………………………… 122
　　二、仓储合同订立的程序 ……………………………………………… 122
　　三、仓储合同的形式 …………………………………………………… 123
　　四、仓储合同的主要内容 ……………………………………………… 124
　　五、仓储合同的生效与无效 …………………………………………… 125
　第三节　仓储合同管理 …………………………………………………… 127
　　一、仓储合同的转让、变更、解除和终止 ……………………………… 127
　　二、仓储合同违约责任和免责 ………………………………………… 128

三、仓储合同纠纷的解决 ……………………………………………………… 131
四、仓单 ………………………………………………………………………… 132
本章小结 …………………………………………………………………………… 133
课堂实训 …………………………………………………………………………… 133
思考练习 …………………………………………………………………………… 134

第六章 仓储配送管理 …………………………………………………………… 135

第一节 配送与配送中心 …………………………………………………………… 136
　　一、配送 ………………………………………………………………………… 136
　　二、配送中心 …………………………………………………………………… 139
第二节 配送作业 …………………………………………………………………… 144
　　一、进货作业 …………………………………………………………………… 144
　　二、订单处理作业 ……………………………………………………………… 146
　　三、拣货作业 …………………………………………………………………… 148
　　四、补货作业 …………………………………………………………………… 151
　　五、出货作业 …………………………………………………………………… 151
本章小结 …………………………………………………………………………… 153
课堂实训 …………………………………………………………………………… 153
思考练习 …………………………………………………………………………… 158

第七章 仓储与配送的成本管理和绩效评估 …………………………………… 159

第一节 仓储与配送的成本管理 …………………………………………………… 160
　　一、仓储与配送成本构成 ……………………………………………………… 160
　　二、仓储与配送成本控制 ……………………………………………………… 165
　　三、成本预测与决策 …………………………………………………………… 169
第二节 仓储与配送的绩效评估 …………………………………………………… 171
　　一、仓储与配送管理绩效评估指标的选取 …………………………………… 171
　　二、仓储管理绩效评估 ………………………………………………………… 172
　　三、配送管理绩效评估 ………………………………………………………… 178
本章小结 …………………………………………………………………………… 181
课堂实训 …………………………………………………………………………… 181
思考练习 …………………………………………………………………………… 185

参考文献 …………………………………………………………………………… **186**

附录 ………………………………………………………………………………… **187**

　附录1　仓储从业人员职业资质(GB/T 21070—2007) ……………………… 187
　附录2　仓储服务质量要求(GB/T 21071—2007) …………………………… 190

第一章

仓储与仓储管理

【知识目标】

(1) 了解仓储基础知识。

(2) 掌握仓储管理的内容与原则。

(3) 掌握库存管理与控制标志。

【技能目标】

(1) 能够理解仓储概念与仓储的作用。

(2) 能够理解仓储管理的内容与原则。

(3) 能够准确分析合理化库存。

【引导案例】

心怡科技(浙江心怡科技供应链管理有限公司)成立于 2004 年,总部设于杭州。作为阿里巴巴集团旗下天猫的仓储管理服务提供商,心怡科技已经成为国内知名的第三方电商仓储物流企业。

天猫的一张订单由生成到拣货完成仅仅需要 3 分钟,这样的物流分拣速度在国内已经居于领先水平。这让人惊诧的高效率来源于其自主研发的 WMS 仓库作业管理软件系统的支持。这套由心怡科技自主研发的系统处理订单时会"分区分割、择优组合、切单合单",即将类似的商品订单自动优化成一张合并装箱单;拣货过程会在优化放置好的过万种商品中,动态排线和路径优化,每一步都经过精密推算,提高效率,绝不会有回头路。

目前,心怡科技已形成以电子商务平台为核心,同步衔接长处配送服务,为在华全球 500 强企业及国内外知名品牌企业提供全方位仓储配送方案和供应链系统管理服务,所服务的领域横跨电子商务、直销、化工、快消品及服装鞋帽五大行业。与此同时,心怡科技正逐步将业务触角拓展至跨境电子商务、电子商务代运营等多个新兴产业。

国际化将是心怡科技未来的发展目标之一，心怡科技已经在澳大利亚、美国、德国、韩国和中国香港等国家和地区建立了海外分支机构，下一步将跟随天猫国际、天猫超市的脚步走向国际，中国制造和网售的产品，可以通过心怡科技在广州、深圳、香港、澳门等地密布的仓储服务网点，畅往世界各地。

（资料来源：http：//www.chinawuliu.com.cn/xsyj/201411/24/295867.shtml，内容有更新）

 引例分析

仓储是现代物流的一个重要组成部分，在物流系统中起着至关重要的作用，是产业链条中不可或缺的一环，高效合理的仓储可以帮助厂商加快物资流动的速度，降低成本，保障交易的顺利进行，决定了利润的增长。

第一节　仓储与仓储业

仓储是历史发展的产物，随着生产力的发展，剩余产品的出现而产生，伴随着商品流通领域与规模的扩大而发展。我国仓储产生于古代，历史久远，但是现代仓储业的真正发展却是20世纪80年代以后的事。

一、仓储的含义

（一）仓储

仓储是指利用仓库及相关设施设备进行物品的入库、储存、出库的活动（根据《物流术语》(GB/T 18354—2006)）。"仓"即仓库为存放物品的建筑物和场地，可以是房屋建筑、洞穴、大型容器或特定的场地等，具有存放和保护物品的功能。"储"即储存、储备，表示收存以备使用，具有收存、保管、交付使用的意思。

在物流系统中，仓储是一个不可或缺的构成要素。仓储是商品流通的重要环节之一，也是物流活动的重要支柱。在社会分工和专业化生产的条件下，为保持社会再生产过程的顺利进行，必须储存一定量的物资，以满足一定时期内社会生产和消费的需要。

仓储具有静态和动态两种。当产品不能被及时消耗，需要专门场所存放时，就产生了静态的仓储。而将物品存入仓库以及对于存放在仓库里的物品进行保管、控制、提供使用等的管理，则形成了动态的仓储。可以说仓储是对有形物品提供存放场所，并在这期间对存放物品进行保管、控制的过程。

（二）仓储的特点

（1）仓储是物质产品的生产持续过程，仓储的过程也创造着产品的价值。
（2）仓储既有静态的物品储存，也包含动态的物品存取、保管、控制的过程。
（3）仓储活动发生在仓库等特定的场所。

(4) 仓储的对象既可以是生产资料,也可以是生活资料,但必须是实物。

由此可见,从事商品的仓储活动与从事物质资料的生产活动,虽然在内容和形式上不同,但它们都具有生产性质,无论是处在生产领域的企业仓库,还是处在流通领域的储运仓库和物流仓库,其生产的性质是一样的。

尽管仓储具有生产性质,但与物质资料的生产活动有很大的区别,主要表现为以下特点。

(1) 不创造使用价值,增加价值。

(2) 具有不均衡性和不连续性。

(3) 具有服务性质。

二、仓储的功能与作用

(一) 仓储的功能

1. 调节功能

仓储在物流中起着"蓄水池"的作用,一方面,储存可以调节生产与消费的关系,如销售与消费的关系,使它们在时间和空间上得到协调,保证社会再生产的顺利进行;另一方面,可以实现对运输的调节。

因为产品从生产地向销售地流转,主要依靠运输完成,但不同的运输方式在运向、运程、运量及运输线路和运输时间上存在着差距。一种运输方式一般不能直达目的地,需要在中途改变运输方式、运输线路、运输规模、运输方法和运输工具,以及为协调运输时间和完成产品倒装、转运、分装、集装等物流作业,还需要在产品运输的中途停留,即储存。

2. 检验功能

在物流过程中,为了保障商品的数量和质量准确无误,分清责任事故,维护各方面的经济利益,要求必须对商品及有关事项进行严格检验,以满足生产、运输、销售以及用户的要求,储存为组织检验提供了场地和条件。

3. 集散功能

仓储把生产单位的产品汇集起来,形成规模,然后根据需要分散发送到消费地去。通过一集一散,衔接产需,均衡运输,提高物流速度,如图1-1所示。

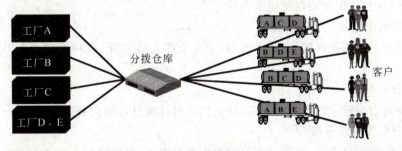

图1-1 仓储集散

4. 配送功能

根据用户的需要,把商品进行分拣、组配、包装和配发等作业,并将配好的商品送货上门。配送功能是储存保管功能的外延,提高了储存的社会服务效能,就是要确保储存商品的安全,最大限度地在保持商品在储存中的使用价值,减少保管损失。

(二)仓储的作用

1. 仓储的正作用

1)仓储是物流的主要功能要素之一

在物流体系中,运输和仓储被称为两大支柱。运输承担着改变物品空间状态的重任,仓储则承担着改变物品时间状态的重任。

2)仓储是整个物流业务活动的必要环节之一

仓储作为物品在生产过程中各间隔时间内的物流停滞,是保证生产正常进行的必要条件,它使上一步生产活动顺利进行到下一步生产活动。

3)仓储是保持物资原有使用价值和物资使用合理化的重要手段

生产和消费的供需在时间上的不均衡、不同步造成物资使用价值在数量上减少,质量上降低,只有通过仓储才能减小物资损害程度,防止产品一时过剩浪费,使物品在效用最大的时间发挥作用,充分发挥物品的潜力,实现物品的最大效益。

4)仓储是加快资金周转、节约流通费用、降低物流成本、提高经济效益的有效途径

有了仓储的保证,就可以免除加班赶工的费用,免除紧急采购的成本增加。同时,仓储也必然会消耗一定的物化劳动和活劳动,还大量地占用资金,这些都说明仓储节约的潜力是巨大的。通过仓储的合理化,就可以加速物资的流通和资金的周转,从而节省费用支出,降低物流成本,开拓"第三利润源泉"。

> **小贴士**
>
> 仓储是以消耗成本为代价的,有时会冲减物流系统效益,恶化物流系统运行的趋势,因而它也是一把双刃剑。

2. 仓储的逆作用

仓储是物流系统中一种必要的活动,但也经常存在冲减物流系统效益,恶化物流系统运行的趋势。甚至有人明确提出,仓储中的库存是企业的"癌症"。因为仓储会使企业付出巨大代价,这些代价主要包括以下内容。

1)固定费用和可变费用支出

仓储要求企业在仓库建设、仓库管理、仓库工作人员工资、福利等方面支出大量的成本费用,开支增高。

2)机会损失

储存物资占用资金以及资金利息,如果用于另外项目可能会有更高的收益。

3)陈旧损失与跌价损失

随着储存时间的增加,存货时刻都在发生陈旧变质,严重的更会完全丧失价值及使用价值。同时,一旦错过有利的销售期,又会因为必须低价贱卖,不可避免地出现跌价损失。

4)保险费支出

为了分担风险,很多企业对储存物采取投保缴纳保险费方法,保险费支出在仓储物

总值中占了相当大的比例。在信息经济时代,社会保障体系和安全体系日益完善,这个费用支出的比例还会呈上升的趋势。

上述各项费用支出都是降低企业效益的因素,再加上在企业全部运营中,仓储对流动资金的占用高达40%～70%的比例,有的企业库存在某段时间甚至占用了全部流动资金,使企业无法正常运转。由此可见,仓储既有积极的一面也有消极的一面,只有考虑到仓储作用的两面性,尽量使仓储合理化,才能有利于物流业务活动的顺利开展。

三、仓储业

仓储业是随着物资储备的产生和发展而产生并逐渐发展起来的。

(一) 传统仓储业与现代仓储业的区别

1. 功能不同

传统仓储业功能比较单一,主要是根据货主的委托对商品进行保管。而现代仓储业已向货主(供应商)和采购方两头发展,具有核查验收、分拣、配货、加贴标签、重新包装等流通加工方面的诸多功能,更加的人性化。

2. 服务范围不同

传统仓储业的现代化、社会化、网点化、信息化的程度很低,而且大都区域化,各仓库各为其主,互无往来。而现代仓储业应能面向全社会提供全方位的服务,诸如:

(1) 为客户选择和提供合理的仓储网点。

(2) 协助客户选定存货功能和存货策略。

(3) 为客户实施控制及存货计划。

(4) 协助客户制订配送需求计划。

(5) 为客户提供信息服务,等等。

3. 对仓库的要求不同

传统仓储业对仓库的要求也不高。而现代仓库根据存储的货物的种类不同而分为不同仓库,仓储货架也分得更为细化,如横梁式货架、驶入式货架、悬臂式货架、阁楼式货架、重力式货架、模具架、中量型货架及轻量型货架等。不仅使仓库的布局更加合理,充分地利用了存储空间,更提高了工作效率,使货物的存取、分拣更加便利。

(二) 仓储业的发展方向

1. 仓储经营一体化、功能专业化

打破条块分割,成为市场经营主体,同时仓储功能要专业化。

2. 仓储标准化

仓储标准化包括仓库标准化、货架标准化、托盘标准化、包装标准化、仓储合同格式标准化、仓单标准化、装卸搬运标准化、运输标准化、检验标准化、仓储信息标准化等。

3. 仓储机械化、自动化

机械化具有承重能力强、工作时间久、效率高、损害低等众多优势;自动化是指计算机管理和控制的仓库的仓储。

4. 仓储信息化、信息网络化

信息化主要是信息的自动识别、自动交换和自动处理。目前,我国几万家仓库,真正实现信息化的不到20%，仍以人工操作为主，作业效率相对低下，出错率较高。信息网络化需要仓库、厂商、物流管理者、物资需求者、运输工具间通过信息网络，实现仓储信息共享，通过信息网络控制物流，做到仓储信息的网络化。

第二节 仓储管理

一、仓储管理的含义

仓储管理是指对仓储设施布局和设计以及仓储作业所进行的计划、组织、协调与控制（根据《物流术语》(GB/T 18354—2006)）。

从广义上看，仓储管理是对物流过程中货物的储存以及由此带来的商品包装、分拣、整理等活动进行的管理。仓储管理是一门经济管理学科，同时也涉及应用技术学科，故属于边缘性学科。仓储管理的内涵随着其在社会经济领域中的作用不断扩大而变化，仓储管理从单纯意义上的对货物存储的管理，已经转变成为物流过程中的中心环节，它的功能已不是单纯的货物存储，而是兼有包装、分拣、整理、简单装配等多种辅助性功能。

二、仓储管理的内容

1. 仓库的选址与建筑

仓库的选址原则与考虑的因素、仓库建筑面积与结构、库内平面布置与作业区域划分等问题属于仓储战略管理，其直接关系到仓库企业未来的发展与战略优势的保持。

2. 仓库机械作业的选择与配置

仓库机械作业的选择与配置即如何根据仓库作业特点和所储存货物种类以及其物理、化学特性，选择机械装备的种类以及应配备的数量，恰当选择适用于不同作业类型的仓库设施和设备，大大降低仓库作业中的人工作业劳动量，并提高物品流通的通畅性，有效保障流通过程中物品的质量。

3. 仓库的业务管理

仓库的业务管理即如何组织货物入库前的验收，如何存放入库货物，如何对在库货物进行保管养护、发放出库等。

4. 仓库的库存管理

仓库的库存管理即如何根据企业生产的需求状况和销售状况，储存合理数量的货物。也就是说，既不因为储存过少引起生产或销售中断造成的损失，又不因为储存过多占用过多的流动资金。

5. 仓库的组织管理

仓库的组织管理包括货源的组织、仓储计划、仓储业务、货物包装、货物养护、仓储成本核算、仓储经济效益分析、仓储货物的保税类型、保税制度和政策、保税货物的海关监管、申请保税仓库的一般程序等。

三、仓储管理的原则

1. 效率的原则

效率是指在一定劳动要素投入量时的产品产出量。只有较小的劳动要素投入和较高的产品产出量才能实现高效率。高效率就意味着劳动产出大,劳动要素利用率高,高效率是现代生产的基本要求。仓储的效率表现在仓容利用率、货物周转率、进出库时间、装卸车时间等指标上,表现出"快进、快出、多存储、保管好"的高效率仓储。

仓储生产管理的核心就是效率管理,实现最少的劳动量的投入,获得最大的产品产出。劳动量的投入包括生产工具、劳动力的数量以及他们的作业时间和使用时间。效率是仓储其他管理的基础,没有生产的效率,就不会有经营的效益,就无法开展优质的服务。

2. 经济效益的原则

厂商生产经营的目的是为了追求最大化利润,这是经济学的基本假设条件,也是社会现实的反映。利润是经济效益的表现。实现利润最大化则需要做到经营收入最大化和经营成本最小化。

作为参与市场经济活动主体之一的仓储业,也应围绕着获得最大经济效益的目的进行组织和经营。但也需要承担部分的社会责任,履行环境保护、维护社会安定的义务、满足社会不断增长的需要等社会义务,实现生产经营的社会效益。

3. 服务的原则

仓储活动本身就是向社会提供服务产品。服务是贯穿在仓储中的一条主线,从仓储的定位、仓储具体操作、对储存货物的控制都围绕着服务进行。仓储管理就需要围绕着服务定位,如何提供服务、改善服务、提高服务质量开展的管理,包括直接的服务管理和以服务为原则的生产管理。

仓储的服务水平与仓储经营成本有着密切的相关性,两者相互对立。服务好,成本高,收费则高,仓储服务管理就是在降低成本和提高(保持)服务水平之间保持平衡。

四、仓储在物流管理中的地位

1. 仓储是物流与供应链中的库存控制中心

库存成本是主要的供应链成本之一,库存成本约占总物流成本的1/3。因此,管理库存、减少库存、控制库存成本就成为仓储在供应链框架下降低供应链与物流总成本的主要任务。

2. 仓储是物流与供应链中的调度中心

仓储直接与供应链的效率和反应速度相关,人们希望现代仓储处理物品的准确率能达到99%以上,并能够对特殊需求做出快速反应。当日配送已经成为许多仓库所采用的一种业务方式,仓库管理人员需要不断提高精确度、及时性、灵活性和对客户需求的反应速度等方面。

3. 仓储是物流与供应链中的增值服务中心

现代仓储不仅提供传统的储存服务,还提供与制造业的延迟策略相关的后期组装、包装、打码、贴唛、客户服务等增值服务,提高客户满意度,从而提高供应链上的服务水平。可以说,物流与供应链中的绝大部分增值服务都体现在仓储上。

4. 仓储还是现代物流设备与技术的主要应用中心

供应链一体化管理,是通过现代管理技术和科技手段的应用而实现的,这种应用更多地体现在仓储的流程管理、质量管理、逆向物流管理等方面。管理手段提高了仓储效率,促进了供应链上的一体化运作,而软件技术、互联网技术、自动分拣技术、光导分拣、RFID、声控技术等先进的科技手段和设备的应用,则为提高仓储效率提供了实现的条件。

第三节 库存管理

一、库存的含义

物流管理中这样定义"库存",是指储存作为今后按预定的目的使用而处于闲置或非生产状态的物品。广义的库存还包括处于制造加工状态和运输状态的物品。

库存是处于储存状态的商品物资,是储存的表现形态。库存是仓储的最基本的功能,除了进行商品储存保管外,它还具有整合需求和供给,维持物流系统中各项活动顺畅进行的功能。

其作用在于防止生产中断,稳定作用,节省订货费用,改善服务质量,防止短缺。库存也带有一定弊端,如占用大量资金,产生一定的库存成本,掩盖了企业生产经营中存在的问题。所以有效的库存管理是仓储管理中的重中之重。

二、库存的功能

在现实经济生活中,商品的流通并不是始终处于运动状态的,作为储存的表现形态的库存是商品流通的暂时停滞,是商品运输的必需条件。库存在商品流通过程中有其内在的功能。

1. 具有调节供需矛盾与消除生产与消费之间时间差的功能

不同的商品,其生产和消费情况是各不相同的。有些商品的生产时间相对集中,而消费则是均衡的;有些商品生产是均衡的,而消费则是不均衡的。比如,粮食作物集中在秋季收获,但粮食的消费在一年之中是均衡消费的;清凉饮料和啤酒等产品一年四季都在生产,但其消费在夏季相对比较集中。这表明生产与消费之间,供给与需求两方面,在一定程度上存在时间上的差别。

为了维护正常的生产秩序和消费秩序,尽可能地消除供求之间、生产与消费之间这种时间上的不协调性,库存起到了调节作用,它能够很好地平衡供求关系、生产与消费关系,起到缓冲供需矛盾的作用。

2. 具有创造商品的"时间效用"功能

所谓"时间效用"就是同一种商品在不同的时间销售(消费),可以获得不同的经济效果(支出),为了避免商品价格上涨造成损失或为了从商品价格上涨中获利而建立的投机库存恰恰满足了库存的"时间效用"功能。但也应该看到,在增加投机库存的同时,也占用了大量的资金和库存维持费用。但只要从经济核算角度评价其合理性,库存的"时间效用"功能就能显示出来。

3. 具有降低物流成本的功能

对于企业而言,保持合理的原材料和产品库存,可以消耗或避免因上游供应商原材料供应不及时而需要进行紧急订货而增加的物流成本,也可以消除或避免下游销售商由于销售波动进行临时订货而增加的物流成本。

库存是企业的一种资产,它也同其他资产一样,追求投资的最优化。库存过多会造成积压,增加企业不必要的储存成本;库存过少又会造成停产、脱销,影响企业的正常生产经营,因此,企业既不应该库存投资过多,又不应该投资过少,而应保持最优值,因此必须进行库存控制。

三、影响库存控制的因素

库存控制是受许多环境条件制约的,库存控制系统内部也存在"交替损益"现象,这些制约因素可以影响控制效果,乃至决定控制的成败。库存控制的主要制约因素如下。

1. 需求的不确定性

在许多因素影响下,需求可能是不确定的,如突发的热销造成的需求突增等会使控制受到制约。

2. 订货周期

由于通信、差旅或其他自然的、生理的因素使订货周期不确定,会制约库存控制。

3. 运输

运输的不稳定性和不确定性必然会制约库存控制。

4. 资金

资金的暂缺、资金周转不灵等会使预想的控制方法落空,因而也是一个制约因素。

5. 管理水平

管理水平达不到控制的要求,则必然使控制无法实现。

6. 价格和成本的制约

商品的价格和成本决定了企业的资金占用,决定了资金的投入与周转。

四、判断库存合理化的标志

库存合理化是用最经济的办法实现库存的功能,合理库存的实质是在保证库存功能实现前提下的尽量少的投入,也是一个投入产出的关系问题。

库存合理化的主要标志包括以下几点。

1. 质量标志

保证被储存物的质量是完成库存功能的基本要求,只有这样,商品的使用价值才能通过物流之后得以最终实现。在库存中增加了多少时间价值或是得到了多少利润,都是以保证质量为前提的。所以,库存合理化的主要标志中,为首的应当是反映使用价值的质量。

2. 数量标志

在保证库存功能实现前提下要有一个合理的数量范围。目前，管理科学的方法已能在各约束条件的情况下，对库存合理数量范围做出决策。

3. 时间标志

在保证库存功能实现前提下寻求一个合理的储存时间，这是和数量有关的问题，所存量越大而消耗速率越慢，则储存的时间必然长，相反则必然短。在具体衡量时往往用周转速度指标来反映时间标志，如周转天数、周转次数等。

在总时间一定的前提下，个别被储物的储存时间也能反映库存合理程度。如果少量被储物长期储存，成了呆滞物或储存期过长，虽反映不到总周转指标中，也说明库存管理存在不合理。

4. 结构标志

结构标志是从被储物不同品种、不同规格、不同花色的储存数量的比例关系对库存合理与否的判断。尤其是相关性很强的各种物品之间的比例关系更能反映库存合理与否，由于物品之间相关性很强，只要有一种物品出现耗尽，即使其他物品仍有一定数量，也会无法投入使用。所以不合理的结构，其影响并不仅局限在某一种库存物品上，而是有扩展性的，结构标志的重要性也可由此确定。

5. 分布标志

分布标志是指不同地区库存数量的比例关系，以此判断对需求的保障程度，也可以此判断对整个物流的影响。

6. 费用标志

仓租费、维护费、保管费、损失费、资金占用利息支出等，都能从实际费用上判断储存的合理与否。

本章小结

（1）仓储是指利用仓库及相关设施设备进行物品的入库、存储、出库的活动。仓储的功能包括调节功能、检验功能、集散功能、配送功能。仓储具有正反两方面的作用。

（2）仓储管理是指对仓储设施布局和设计以及仓储作业所进行的计划、组织、协调与控制。仓储管理的内容包括仓库的选址与建筑、仓库机械作业的选择与配置、仓库的业务管理、仓库的库存管理、仓库的组织管理等。仓储管理的原则有效率的原则、经济效益的原则、服务的原则。仓储在物流管理中的地位是物流与供应链中的库存控制中心，是物流与供应链中的调度中心，是物流与供应链中的增值服务中心，是现代物流设备与技术的主要应用中心。

（3）库存是处于储存状态的商品物资，是储存的表现形态。库存的功能包括具有调节供需矛盾与消除生产与消费之间时间差的功能，具有创造商品的"时间效用"功能，具有降低物流成本的功能。库存合理化的主要标志包括质量标志、数量标志、时间标志、结构标志、分布标志、费用标志。

1. **工作目标**

通过实地参观仓库,对本章内容有更直观的认识,有利于对仓储知识的掌握和记忆。具体分为组织开展市场调研工作,对调研结果进行分析,对企业的仓储活动进行分析评价,找出问题、提出自己的建议。

2. **工作准备**

(1) 制定企业调研的方法、步骤。

(2) 将全班学生分组,每组 5~10 人。

(3) 时间安排 4 学时。

3. **工作任务**

1) 制订物流仓库的调研方案

调研方法包括座谈会、个别访谈、资料查询等。调研内容包括仓库的地理位置、仓库的经营性质、仓库的主要物流设施、仓库管理人员的组织机构及分工、仓库的主要经营方式、手段和策略等。

2) 设计该物流公司物流市场调研问卷

设计调研问卷要确定问卷的结构与内容。调研问卷的基本结构一般可由前言、问题与答案、结束语、被访者个人资料几部分组成;调研问卷的内容包括设计问卷中的问题、问卷的自查、问卷的测试。

3) 对调研结果加以分析

分析该仓库的经营管理现状,库存的功能,运用库存合理化的标志进行分析其是否合理以及存在的问题;撰写调研报告。

仓储管理模式的升级

2010 年,几位来自莆田的创业者在厦门创办了专门从事品牌鞋服网络销售的乐麦公司,他们把电商仓库选在家乡的枫亭镇。如今,乐麦公司的年销售业绩已经从最初的几千万元翻倍式增长到 10 亿元,同时,在枫亭镇租用的仓库也从 1 个增加到 4 个,仓储面积达 100 000 m^2,备货的各大品牌鞋多达 350 万双。

到了 2014 年,乐麦公司年订单量有几百万双,原有的电商仓储管理模式已经无法适应新需求,于是在仙游经济开发区买下一块 55 333 m^2 的土地,投资 1 亿元建设标准化电商仓储物流基地。向行业巨头学习,由单纯的发货仓库转型为专业化的第三方仓储物流服务平台。

要学习的行业巨头,是京东商城、亚马逊中国、苏宁易购等电商行业的佼佼者。如今,它们原有的仓储配送业务都在尝试着从母体独立出来,这成为一种趋势。

业内人士认为,这是因为缩短送货时间正逐渐成为电商巨头的一项竞争利器,而仓储物流的反应速度是赢得竞争的关键,所以京东商城、苏宁易购、当当网等电商企业在自建仓储物流方面都投入了大量资金。同时,这些巨头又纷纷成立独立的物流公司,并加速将其第三方化,可为无法在各地自建仓储的电商企业提供服务,不但避免了已建仓库的空置问题,而且又创造出新的利润增长点。

随着电商产业的发展,对第三方仓储的需求肯定会进一步增长。对厦门乐麦公司而言,原来销售额但几亿元时,在枫亭镇的仓储能力就能满足需求;当销售额达到10亿元时,就必须依靠合作仓储方的力量。比如2015年,乐麦公司一共发出约700万订单,其中自己发货600余万单,占订单总数的80%,余下的20%则由厦门、广东中山等地的合作仓储代发。

智慧仓储成竞争利器。工欲善其事,必先利其器。在未来的市场竞争中,乐商的利器是什么?答案是凭借自主研发的智能系统乐仓宝和自动化处理设备。通过长达90m的自动传送带,可以将一双双鞋子直接传输到打包区。过去仓库管理员拣货时,要拉着拖车来回穿梭,每天需要5~6名员工专门拣货,现在人员节省了一半。

比自动化更高一等的是智慧仓库的核心——乐仓宝系统。这一系统前端与销售平台对接,消费者在电商企业的网店下单后,订单会通过系统自动传输到公司仓库,然后生成拣货指令下达给仓库管理员。

此时,管理员借助手中的PDA扫描枪,就能直接读取需要拣取哪双鞋、这双鞋所在位置等信息,而后送入传送带即可。在传送带的尾端,是复核和打包程序。扫描鞋盒的专属标签,1s就能识别鞋子与消费者订单是否吻合;同时会根据消费者所在地域,自动选择当地最有优势的快递公司送货。

公司还在继续提升仓储管理效率。引进的自动打包机,适用于鞋类打包,每天能打包2.4万双鞋,相当于4个人的工作量。此外,公司已进军上海、广州、成都、武汉等大型物流中心城市,以租赁的方式兴建专业化电商仓储物流基地,目前仓储总面积已超过200 000m^2,提高发货效率、降低物流成本。

(资料来源:福建日报,2016-02-22,有改编)

思考题:

(1) 仓储管理在乐麦公司的地位与作用是什么?

(2) 乐麦公司是如何提升仓储管理效率的?

思考练习

(1) 分析传统仓储与现代仓储的区别。

(2) 分析物流仓储的作用。

(3) 分析库存的功能。

(4) 如何判断库存合理化?

第二章
仓储经营管理要素

【知识目标】
(1) 掌握仓储管理的组织结构与人员配备的基本知识。
(2) 掌握仓库的分类、仓储的设施设备。
(3) 掌握仓库结构与布局。

【技能目标】
(1) 能够分析仓储管理的基本要素,描述组织结构的形式。
(2) 能够按仓库的不同用途对仓库进行分类。
(3) 能够选择合适的仓储设施与设备。
(4) 能够运用各要素对仓储作业进行经营管理。

【引导案例】
　　重庆长寿供电局在仓库管理中引入超市化管理模式,管理手段日渐成熟,为企业节省了大量的人力、物力,该局所属仓库也成为实现物资管理集约、规范、高效、"零库存"的驿站。

1. 分区存放出货更便捷

　　长寿供电局物资仓库建筑面积 $2332m^2$,其中仓库一层约 $737m^2$,二层约 $360m^2$,室外堆场 $1235m^2$。物资型号有上百种,但以前库房面积小,不具备分型号摆放条件,查找某种型号的物资就如同大海捞针,工作人员要在一大堆不同型号的物资里找好半天,时间长了难免会有疏漏。

　　因此,长寿供电局决定对仓库实施改造。他们借鉴超市摆放货物的方式,实行库存物资分区存放,对同一物资进行分型号摆放。明确了物资超市清单和物资储备方式八大品类共 500 余种物资,货架整齐摆放,架上的物资有序排列。各类物资由库管员分别管理,工作人员对自己所管理的物资负责。库房物资分共分为三个区,一层存放绝缘子和金具类生产材料,二层主要存放电线电缆,室外堆场存放变压器等设备。仓库改造后,每一种型号的物资都贴了标签,工作人员能在几秒钟内找到指定的物资。

2. 条码打印提升准确性

先进的信息输入系统融入了长寿供电局物资供应公司精益管理的理念。该公司在处理物资进库时,采取条码扫描记录进货信息,极大地提升了信息输入的准确性。以前每次物资到位数量较多,按送货单点货后,再进行输入,工作量非常大。采用条码扫描就方便多了,直接对送货单进行逐项扫描,信息会自动存入计算机,这就是信息化的好处。

条码打印机使用起来非常简单,一学就会,相比人工输入要快捷许多,最重要的是它能够自动分类输入。长寿供电局在仓库库房里安装了视频监控系统,通过360°旋转的摄像头,既可以随时查询物资摆放位置,也能实现红外线报警,确保物资安全。鉴于库房内部分物资对存放环境有较高的要求,该局还在库房里安装了环境数据监测系统,该系统可对库区温湿度、信息处理室电力供应、不间断电源、精密空调、漏水等运行参数进行实时监测,有效提升了库存物资管理水平。

3. 配送上门降低库存余额

长寿供电局物资供应公司针对车间所需的生产类物资,采取配送上门的方式供货,减少中间环节,做好物资配送服务。

按照流程,车间提出物资购买计划,并经过层层审核后,交由相关部门进行采购。长寿供电局物资供应公司安排专人跟踪每个采购单,同时联系供货方在送货时严格按照车间需求分别打包,物资被运抵物资供应公司后,由工作人员进行清点并记录,然后随车一同送达车间。

长寿供电局配网检修班员工华昌勇对物资配送上门的服务称赞不已。他说,班上物资需求量大,二级库房小,必须安排专人专车领取材料,任务繁重。"这下好了,大多材料都由物资供应公司主动配送,为我们班组节省了人力和物力。"华昌勇说。在长寿供电局,每一个车间或班组,都能享受这一优质服务。

在管理职能方面,长寿供电局把仓库职能由"保管"转化为"运转",加快物资的流转速度,在信息系统实现了供应链流程的网络化、信息化,加快库存周转,提高生产效率。该局在仓库管理中应用超市管理模式,在不增加工作人员数量的情况下,将曾经工作量大、周期长、备件材料繁多的仓储管理变得更加便捷、高效。

(资料来源:摘自国家电网报,2015年5月21日,有改编)

 引例分析

仓储环节作为上下游流程重要的衔接部分,在进行作业区域规划和设计时要加强对全局的把握,既要满足现阶段要求,又要为未来发展留有空间。对现有仓储管理要素进行充分了解的前提下选择合适的仓库布局方案,从而提高效率、降低库存、节约时间、节省成本,提高仓储综合服务水平。

第一节　组织结构与人员配备

仓储组织和人员配备就是按照预定的目标,将仓储作业人员与储存手段有效结合起来,完成仓储作业过程各环节的职责,为物品流通提供良好的储存劳务,加速物品在仓库中的周转,合理使用人力、物力,取得最大的经济效益。

一、组织结构建立的原则

(一)任务目标原则

仓储企业组织设计的根本目的,是为实现仓储的战略任务和经营目标服务的,这是一条最基本的原则。组织结构的全部设计工作必须以此作为出发点和归宿点,即仓储管理的任务、目标同组织结构之间是目的与手段的关系;衡量组织结构设计的优劣,要以是否有利于实现仓储任务、目标作为最终的标准。

从这一原则出发,当仓储管理的任务、目标发生重大变化时,组织结构必须做相应的调整和变革,以适应任务、目标变化的需要。

(二)精简原则

机构臃肿庞大,必然造成协调困难,反应迟钝,管理成本加大,因此在完成仓储任务目标的前提下,组织结构应当力求做到紧凑精干,机构越简单、人员越少越好。这就要求加强人员培训,提高人员的素质。

(三)专业分工与协作原则

仓储管理的工作量大,专业性强,需要分别设置不同的专业部门,提高管理工作的质量与效率。在合理分工的基础上,仓储管理的各部门各岗位之间,只有加强协作与配合,才能保证各项专业管理的顺利开展,达到组织的整体目标。贯彻这一原则,在组织设计中要十分重视横向协调问题。

(四)指挥统一原则

组织结构设置要保证行政命令和生产指挥的集中统一,应该做到从上到下垂直领导,一级管一级,不越级指挥,避免多头领导。仓储企业组织结构遵循统一指挥原则,实质是建立仓储企业管理组织的合理纵向分工。一般形成三级仓储管理层次,即决策层、执行监督层和仓库作业层。

(五)责权利相结合原则

所谓责权利相结合,就是使每一个职位或岗位上的职责、职权、经济利益统一起来,形成责权利相一致的关系。仓储企业组织要围绕仓储任务建立岗位责任制,明确规定每一个管理层次、每一个管理岗位、每一名管理人员的责任、权利与义务,并且将责任制与经济利益挂钩。

(六)有效管理幅度原则

由于受个人精力、知识、经验条件的限制,一名领导人能够有效领导的直属下级人数是有一定限度的。有效管理幅度受职务的性质、人员的素质、职能机构健全与否等条件的影响。这一原则要求在进行组织设计时,领导人的管理幅度应控制在一定水平,以保证管理工作的有效性。

由于管理幅度的大小同管理层次的多少呈反比例关系,这一原则要求在确定企业的管理层次时,必须考虑到有效管理幅度的制约。因此,有效管理幅度也是决定企业管理层次的一个基本因素。

(七) 稳定性和适应性相结合原则

稳定性和适应性相结合原则要求组织设计时,既要保证组织在外部环境和仓储企业任务发生变化时,能够继续有序地正常运转;同时又要保证组织在运转过程中,能够根据变化了的情况做出相应的变更,组织应具有一定的弹性和适应性。

为此,需要在组织中建立明确的指挥系统、责权关系及规章制度,同时又要求选用一些具有较好适应性的组织形式和措施,使组织在变动的环境中,具有一种内在的自动调节机制。

二、典型的仓储企业组织结构形式

组织结构是企业正常运行的支撑骨架,表明各部门之间的责任义务关系。仓库人事组织结构主要有以下几种类型。

(一) 直线制组织模式

直线制组织模式是由一个上级直接管理多个下级的一种组织结构模式,其特别适合于中小型仓储企业。优点是指令传递的直接性,易于发布命令,实施强有力的管理。缺点是管理水平受管理者自身能力的限制,同时当业务扩大时,命令执行不统一,管理者压力大。如图2-1所示。

图2-1 直线制组织模式

(二) 直线职能式管理模式

直线职能式管理模式是在直线制的基础上加上职能部门,它适合大多数企业,其只是增加了一些职能来帮助上级管理下级。这些职能机构都是某种职能的组合体,这样就克服了直线制组织模式的由于人力所限造成的管理上的缺陷,如图2-2所示。

(三) 事业部制管理模式

事业部制管理模式以某项事业(或管理模块)为核心组成的一个从决策到执行的管理系统。优点在于管理决策程序小而全,运行效率高。在各项事业内部管理权力相对集中,所有的经营方案都可以由各事业部自行决策,提高了工作效率,如图2-3所示。

图 2-2　直线职能式管理模式

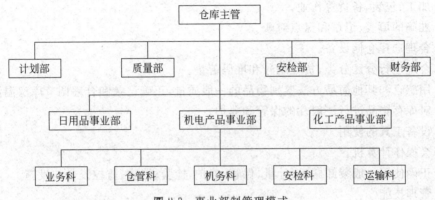

图 2-3　事业部制管理模式

三、仓储企业人员职业资质要求

在仓储企业中,对于不同职位的人员也有不同的资质要求,具体可以分为仓库管理员和仓储经理两个级别(根据《仓储从业人员职业资质》(GB/T 21070—2007))。

(一) 仓库管理员

仓库管理员是仓库内从事与物品仓储作业管理有关工作的一线操作人员的统称,包括直接从事物品收发、出入库、分拣、理货等工作的人员,不含装卸工,简称仓管员。仓管员应掌握的基本知识和基本技能如下。

1. 基本知识

1) 仓储作业流程
- 了解物品验收规则及出入库程序和分管库房的情况。
- 掌握储存分区、分类、货位编号、定量堆垛、动碰复核、盘点对账等工作内容与方法。
- 了解气候、温湿度变化对仓储作业的影响。

2) 库存物品
- 具有与本岗位有关的物理、化学、商品养护学的基本知识。
- 了解所保管物品的性能、特点。
- 了解所保管物品的储存技术标准及温湿度要求。

3) 仓储工具设备
- 懂得常用仪器、仪表、设备、工具的使用方法和保养知识。

- 掌握计算机相关知识。

4) 安全防护
- 掌握消防安全基本知识和操作规程。
- 了解仓库安全的内容及要求。
- 懂得物品包装储运图示标志及一般消防器材的使用方法。

2. 基本技能

1) 仓储作业
- 按照有关规范,准确进行日常的物品收、发、保管业务,根据订单进行分拣、拆零、加工、包装、备货等作业。
- 准确的填表、记账和盘点对账。
- 合理选择仓储设备。
- 合理进行分区分类、货位编号和堆码苫垫。
- 用感官和其他简易方法鉴别物品的一般质量,正确记录和合理调节库房温湿度。
- 对库存物品进行一般性的保管和养护。

2) 设备工具的使用
- 会操作计算机。
- 正确使用一般装卸搬运、计量、保管、养护、检验、消防、监控设备与设施。

3) 管理技能
- 发现差错和问题,及时处理,准确办理查询、催办及报亏等手续。
- 熟知消防、匪盗等有关电话号码,消防器材的存放地点和使用方法,出现情况能迅速报警,对火灾等灾害采取有效办法及时进行扑救。
- 通过仓储管理信息系统进行物品出入库、在库等信息的处理(传输、汇总、分析等)。
- 结合本职工作写出书面总结分析报告。
- 指导装卸、搬运人员安全、规范地进行作业。

(二) 仓储经理

仓储经理是指从事仓储经营管理活动,具有经营管理权或业务指挥权与生产要素调度配置权的管理者,包括公司层面的仓储、运作经理或总监,分公司的经理或库区经理等。仓储经理应掌握的业务知识、理论知识及技能要求如下。

1. 业务知识

仓储经理除具有仓库管理员应掌握的相关基本知识外,还应该掌握以下内容。

(1) 掌握仓储作业流程,操作规范与管理软件的运用。

(2) 熟悉所保管物品的质量标准、储存技术标准、包装技术标准以及物品质量鉴别方法。

(3) 掌握常用仪器、仪表及工具、消防器械的基本性能、特点、使用和日常保养知识。

(4) 掌握计算机及仓储管理信息系统相关知识。

2. 理论知识

(1) 掌握现代仓储管理、现代仓储技术与设备等方面的知识,基本掌握供应链管理、现代物流管理、现代运输管理等知识。

(2) 掌握国家物流、仓储、运输等方面的政策、标准。
(3) 全面系统地掌握仓库消防安全各种制度、规定、措施及其操作规程。
(4) 掌握仓储成本核算与控制、合理库存与绩效管理等仓储管理的基本知识。
(5) 具有一般企业管理所需的财务管理、客户关系管理、质量管理、市场营销、融资管理等方面的知识。
(6) 具有领导与管理学、公共关系管理和项目管理知识。
(7) 掌握国内外仓储行业发展的基本情况与动态,了解国内外物流现状与发展趋势。

3. 技能要求

仓储经理除具有仓库管理员应具有的基本技能外,还应该具有以下能力。

1) 组织领导能力

能够科学调度、配置生产要素资源,能理论联系实际地总结分析业务活动情况,并写出书面报告。

2) 方案设计能力

能够根据客户需要,对仓库运作流程、客户开发方案、客户满意度提高等不断进行改造和提升,为客户量身定制个性化服务方案,能根据有关仓储信息向客户提供信息咨询。

3) 人力资源管理能力

组织员工专业培训和人才开发,编写业务技术专业资料,对仓库管理员进行专业培训,提高仓库管理员的业务素质,改善组织内的人力资源结构。

4) 制度建设能力

能够根据业务的现实和发展要求,制定和完善相关业务运作管理、服务质量管理、安全生产管理和分配激励管理等规章制度,并有效地组织执行和实施。及时发现和指导处理各种突发性事件、异常现象和事故隐患,并能正确分析原因,提出预防和改进措施。

5) 过程控制和质量管理能力

能够熟练掌握品质控制和质量管理体系要求,加强现场和细节管理,提升发现、分析与处理问题的能力,提高客户满意度。

6) 运作成本核算能力

科学分析客户质量要求和运作成本的关系,保证质量,节约成本。

7) 信息技术管理能力

运用现代信息技术手段,进行仓储经营与管理,分析、预测在整个仓库管理及保管养护活动中可能发生的各类问题,并能采取相应的预防措施。

8) 其他能力

应该具有一定的谈判、沟通、营销能力。

第二节　仓库的分类

仓库是物流企业里最常见的物流设施,根据使用范围不同、存储商品不同、保管条件不同、建筑结构不同、库内形态不同、仓库功能不同,其有不同的类型。

一、按使用范围分类

1. 自用仓库

自用仓库是生产或流通企业为本企业经营需要而修建的附属仓库,完全用于储存本企业的原材料、燃料、产成品等货物。

2. 营业仓库

营业仓库是一些企业专门为了经营储运业务而修建的仓库。

3. 公用仓库

公用仓库是由国家或某个主管部门修建的为社会服务的仓库,如机场、港口、铁路的货场、库房等仓库。

4. 出口监管仓库

出口监管仓库是经海关批准,在海关监管下存放已按规定领取了出口货物许可证或批件,已对外买断结汇并向海关办完全部出口海关手续的货物的专用仓库,如图2-4所示。

图 2-4　出口监管仓库

5. 保税仓库

保税仓库是经海关批准,在海关监管下专供存放未办理关税手续而入境或过境货物的场所,如图2-5所示。

图 2-5　保税仓库

二、按保管物品种类的多少分类

1. 综合库

综合库是指用于存放多种不同属性物品的仓库,如图 2-6 所示。

图 2-6　综合库

2. 专业库

专业库是指用于存放一种或某一大类物品的仓库,如图 2-7 所示。

图 2-7　专业库

三、按仓库保管条件分类

1. 普通仓库

普通仓库是指用于存放无特殊保管要求的物品的仓库,如图 2-8 所示。

2. 保温、冷藏、恒湿恒温库

保温、冷藏、恒湿恒温库是指用于存放要求保温、冷藏或恒湿恒温的物品的仓库,如图 2-9 所示。

3. 特种仓库

特种仓库通常是指用于存放易燃、易爆、有毒、有腐蚀性或有辐射性的物品的仓库,如图 2-10 所示。

图 2-8 普通仓库

图 2-9 保温、冷藏、恒湿恒温库

图 2-10 特种仓库

4. 气调仓库

气调仓库是指用于存放要求控制库内氧气和二氧化碳浓度的物品的仓库,如图 2-11 所示。

图 2-11 气调仓库

四、按仓库建筑结构分类

1. 封闭式仓库

封闭式仓库俗称库房,该结构的仓库封闭性强,便于对库存物进行维护保养,适宜存放保管条件要求比较高的物品,如图 2-12 所示。

2. 半封闭式仓库

半封闭式仓库俗称货棚,其保管条件不如库房,但出入库作业比较方便,且建造成本较低,适宜存放那些对温湿度要求不高且出入库频繁的物品,如图 2-13 所示。

图 2-12 封闭式仓库　　　图 2-13 半封闭式仓库

3. 露天式仓库

露天式仓库俗称货场,其最大优点是装卸作业极其方便,适宜存放较大型的货物,如图 2-14 所示。

图 2-14 露天式仓库

五、按建筑结构分类

1. 平房仓库

平房仓库的构造比较简单,建筑费用便宜,人工操作比较方便,如图 2-15 所示。

2. 楼房仓库

楼房仓库是指二层楼以上的仓库,它可以减少土地占用面积,出入库作业可采用机械化或半机械化,如图 2-16 所示。

图 2-15　平房仓库　　　　　　　　　图 2-16　楼房仓库

3. 高层货架仓库

在作业方面,高层货架仓库主要使用计算机控制,能实现机械化和自动化操作,如图 2-17 所示。

4. 罐式仓库

罐式仓库的构造特殊,呈球形或柱形,主要用来储存石油、天然气和液体化工品等,如图 2-18 所示。

图 2-17　高层货架仓库　　　　　　　图 2-18　罐式仓库

5. 简易仓库

简易仓库的构造简单、造价低廉,一般是在仓库不足而又不能及时建库的情况下采用的临时代用办法,包括一些固定或活动的简易货棚等,如图 2-19 所示。

图 2-19　简易仓库

六、按库内形态分类

1. 地面型仓库

地面型仓库一般是指单层地面库多使用非货架型的保管设备,如图 2-20 所示。

图 2-20　地面型仓库

2. 货架型仓库

货架型仓库是指采用多层货架保管的仓库。在货架上放着货物和托盘,货物和托盘可在货架上滑动。货架分固定货架和移动货架,如图 2-21 所示。

图 2-21　货架型仓库

3. 自动化立体仓库

自动化立体仓库指出入库用运送机械存放取出，用堆垛机等设备进行机械化自动化、作业的高层货架仓库，如图 2-22 所示。

图 2-22　自动化立体仓库

七、按仓库功能分类

现代物流管理力求进货与发货同期化，使仓库管理从静态管理转变为动态管理，仓库功能也随之改变，这些新型仓库据点有了以下新的称谓。

1. 集货中心

将零星货物集中成批量货物称为集货。集货中心可设在生产点数量很多，每个生产点产量有限的地区，只要这一地区某些产品的总产量达到一定水平，就可以设置这种有"集货"作用的物流据点。

2. 分货中心

将大批量运到的货物分成批量较小的货物称为分货，分货中心是主要从事分货工作的物流据点。企业可以采用大规模包装、集装货散装的方式将货物运到分货中心，然后按企业生产或销售的需要进行分装。利用分货中心可以降低运输费用。

3. 转运中心

转运中心的主要工作是承担货物在不同运输方式间的转运。转运中心可以进行两种运输方式的转运，也可以进行多种运输方式的转运，在名称上有的称为卡车转运中心，有的称为火车转运中心，还有的称为综合转运中心。

4. 加工中心

加工中心的主要工作是进行流通加工。设置在供应地的加工中心进行以物流为主要目的的加工，设置在消费地的加工中心进行实现销售、强化服务为主要目的的加工。

5. 储调中心

储调中心以储备为主要工作内容，其功能与传统仓库基本一致。

6. 配送中心

配送中心是从事配送业务的物流场所或组织，它基本符合下列要求。

（1）主要为特定的用户服务。

(2) 配送功能健全。
(3) 具有完善的信息网络。
(4) 集聚辐射范围小。
(5) 多品种、小批量。
(6) 以配送为主,储存为辅。

7. 物流中心

物流中心是从事物流活动的场所或组织,它基本符合下列要求。
(1) 主要面向社会提供公共物流服务。
(2) 物流功能健全。
(3) 集聚辐射范围大。
(4) 具有完善的信息网络。
(5) 存储、吞吐能力强。

第三节　仓储设施设备

仓储设施设备是进行仓储管理的重要工具和手段。为了更高效地实现仓储的基本功能,必须借助于机械等设备的帮助支持。仓储设施设备配置齐全与否直接影响着仓储及整个物流流程的效率,因而要根据仓库的功能、储存的对象要求等确定主要设施设备的配置。

一、货架

货架是用支架、隔板或托架组成的立体储存货物的设施。货架在物流及仓库中占有非常重要的地位,随着现代工业的迅猛发展,物流量的大幅度增加,为实现仓库管理的现代化管理,改善仓库的功能,不但要求货架数量多,而且要求具有多功能,并能实现机械化、自动化要求。

(一) 货架的作用

(1) 可充分利用空间,提高库容利用率,扩大仓库储存能力。
(2) 可保证储存货物的安全,减少货物的损失。由于货架隔板的承托作用,存入货架的货物互不挤压,物资损耗小。
(3) 可提高存取、分拣作业的效率。存入货架的物资,由于有货架层格的分隔,易于定位,便于清点及计量,可做到先进先出。
(4) 有利于实现机械化、自动化管理。新型货架系统是进一步实现仓储作业机械化、自动化的基本措施,它为减少人力消耗,降低成本,提高效率奠定了基础。

(二) 货架的种类

(1) 按层架存放货物的重量等级划分:重型货架、中型货架和轻型货架,如图2-23和图2-24所示。

图 2-23 重型货架和中型货架

(2) 按层架结构划分：层格式货架、抽屉式货架、托盘式货架、悬臂式货架、阁楼式货架和高层货架等，如图 2-24～图 2-29 所示。

图 2-24 轻型货架（层格式货架）　　　　图 2-25 抽屉式货架

图 2-26 托盘式货架

图 2-27 悬臂式货架

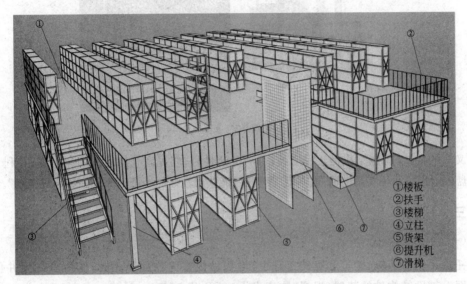

①楼板
②扶手
③楼梯
④立柱
⑤货架
⑥提升机
⑦滑梯

图 2-28 阁楼式货架结构

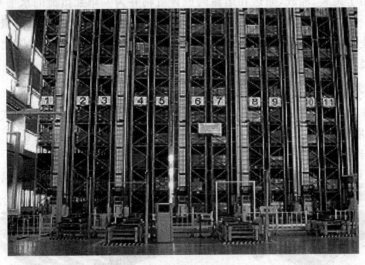

图 2-29 高层货架

二、叉车

叉车是仓库装卸搬运机械中应用最广泛的一种机械,主要用于仓库内货物的装卸搬运,也可堆垛和装卸卡车、铁路平板车。叉车能够减轻装卸工人繁重的体力劳动,提高效率,缩短车辆停留时间,降低装卸成本,如图2-30所示。

图2-30 叉车

叉车的特点与用途:机械化程度高;机动灵活性好;能提高仓库容积的利用率;有利于开展托盘成组运输和集装箱运输;成本低、投资少,能获得较好的经济效果;可以"一机多用"。

三、托盘

(一)托盘的概念

托盘是只在运输、搬运和存储过程中,将物品规整为物品单元时,作为承载面并包括承载面上辅助结构件的装置(根据《物流术语》(GB/T 18354—2006))。

托盘是用于集装、堆放、搬运和运输的放置货物并为一单元负荷的水平平台装置。其特点与用途:台面下有供叉车从下部插入并将台板托起的插入口;便于机械化操作,减少货物堆码作业次数,提高运输效率,减小劳动强度;以托盘为单位,货运件数变少,便于点数和理货交接,减少货损货差。

(二)托盘的种类

托盘的种类很多,一般有平托盘、箱式托盘、筒式托盘、罐式托盘、立柱式托盘、滚轮箱式托盘、冷藏带轮箱式托盘、纸托盘、托板、托架等。目前常见的托盘主要有三大类。

1. 通用平托盘

(1)按使用面分:可分为单面使用型托盘和双面使用型托盘,如图2-31和图2-32所示。

图2-31 单面使用型托盘   图2-32 双面使用型托盘

(2) 按进叉方向分：可分为双向叉入型托盘和四向叉入型托盘，如图2-33和图2-34所示。

图 2-33 双向叉入型托盘

图 2-34 四向叉入型托盘

(3) 按材质分：可分为木制平托盘、钢制平托盘、塑料平托盘（图2-35）等。

图 2-35 木制平托盘、钢制平托盘、塑料平托盘

四、堆垛机

堆垛机是专门用来堆码或提升货物的机械。普通仓库使用的堆垛机是一种构造简单、用于辅助人工堆垛、可移动的小型货物垂直提升设备。商业储运系统定型生产的一种堆垛机，其外形尺寸1260mm×712mm×2550mm（长×宽×高），最大起重量300kg，提升高度3.4m，提升速度20m/min，自重500kg，电动机功率2.2kW。

这种机械的特点是构造轻巧，人力推移方便，能在很窄的走道内操作，减轻堆垛工人的劳动强度，且堆码或提升高度较高，仓库的库容利用率较高，作业灵活，所以在中小型仓库内广泛使用。它有桥式堆垛机、巷道式堆垛机等类型，如图2-36所示。

图 2-36 堆垛机

五、输送机

输送机是一种连续搬运货物的机械,其特点是在工作时连续不断地沿同一方向输送散料或者重量不大的单件物品,装卸过程无须停车,因此生产率很高。其优点是生产率高、设备简单、操作简便。其缺点是一定类型的连续输送机只适合输送一定种类的物品,不适合搬运很热的物料或者形状不规则的单件货物,只能沿一定线路定向输送,因而在使用上具有一定局限性。

根据用途和所处理货物形状的不同,输送机可分为带式输送机、辊子输送机、链式输送机、重力式辊子输送机、伸缩式辊子输送机、振动输送机、液体输送机等。此外,还有移动式输送机和固定式输送机、重力式输送机和电驱动式输送机等多种划分方法,如图 2-37 所示。

图 2-37 输送机

六、起重机

起重机是在采用输送机之前曾被广泛使用的具有代表性的一种搬运机械,它是将货物吊起,在一定范围内做水平运动的机械。

起重机按照其所具有的机构、动作繁简程度以及工作性质和用途,可以归纳为简单起重机械、通用起重机械和特种起重机械三种。简单起重机械一般只做升降运动或一个直线方向的运动,只需具备一个运动机构,而且大多数是手动的,如绞车、葫芦等。

通用起重机械除需要一个使物品升降的起升机构外,还有使物品做水平方向的直线运动或旋转运动的机构。该类机械主要用电力驱动。属于这类的起重机械主要包括通用桥式起重机、门式起重机、固定旋转式起重机和行动旋转式起重机等。特种起重机械是具有两个以上机构的多动作起重机械,专用于某些专业性的工作,构造比较复杂。如冶金专用起重机、建筑专用起重机和港口专用起重机等,如图 2-38 所示。

图 2-38 起重机

第四节　仓储布局与区域划分

一、仓库总平面布局设计

仓库总平面布局是对一个仓库的各个组成部分如库房、货棚、货场、辅助建筑物、铁路专用线、库内道路、附属固定设备等在规定的范围内进行平面和立体的全面安排。仓库总平面布局是一项复杂而又细致的工作,要求周密地考虑各方面的因素。

(一) 总平面布局要求

一个合理的仓库总平面布局应满足以下要求。

(1) 有利于仓储生产的正常进行,并适应仓储生产流程的要求,达到合理存放各种物资,库容利用率高,费用低,保证物资安全和进出方便。

(2) 能充分和合理利用各种设备。

(3) 布局整齐,紧凑适用,节约用地,方便生产和管理。

(4) 长远规划与目前需要相结合,既要考虑今后发展,又要适应当前需要。

(5) 符合防火要求。

(6) 有利于文明生产。注意仓库环境绿化,按照储存物资的保管要求,种植适宜的花草树木。

(二) 总平面布局影响因素

1. 仓库的专业化程度

仓库储存商品的种类越少,则仓库的专业化程度就越高;相反,仓库储存商品的种类越多、越杂,则仓库的专业化程度就越低。各种商品性质不同,装卸搬运方式和存储方法也会有所区别。在仓库总平面布局设计前和布局时,应考虑各种不同商品的作业需要,按专业分工原则,确定商品种类、主要储存商品的要求和作业特点。

2. 仓库规模

仓库总平面布局、库房规模、专用线的布局形式、水电供应等都取决于仓库规模的大小。一般仓库规模越大,库房、设备越多,辅助设施也越多。设计时要从生产和安全两个方面考虑。

3. 环境设施、地质地形条件

仓库建设应充分考虑周围经营环境、基础设施、自然环境和其他因素对将来储存、物流、成本等方面的影响。

(三) 总平面布局构成

仓库总平面布局时首先进行功能分区,即根据仓库各种建筑物的性质、使用要求、运输和安全要求等,将性质相同、功能相近、联系密切、对环境要求一致的建筑物分成若干组,再结合仓库用地内外的具体条件,合理地进行功能分区,在各个区中布局相应的建筑物。

仓库一般由生产作业区、辅助生产区和行政生活区三部分构成。

> **小贴士**
>
> **布局基本原则**
> - 便于储存保管。
> - 利于作业优化。
> - 保证仓库安全。
> - 节省建设投资。

1. 生产作业区

生产作业区是仓储作业的主要场所,是库区的主体部分,主要包括库房、料棚、露天货场、铁路专用线、道路、装卸站台等。现代仓库已由传统的储备型仓库转变为以收发作业为主的流通型仓库,其各组成部分的构成比例通常为合格品储存区面积占总面积的40%~50%;通道占总面积的8%~12%;待检区及出入库收发作业区占总面积的20%~30%;集结区占总面积的10%~15%;待处理区和不合格品隔离区占总面积的5%~10%。

铁路专用线和库区道路是货物的运输通道,因铁路专用线具有运输能力大、安全快速等特点,所以有条件的企业应尽量铺设,同时应考虑铺设地点,以便于物资装卸和集散,有利于库内短距离搬运,并尽可能缩短库内搬运距离。库区道路要通畅、简洁,要有足够的宽度。

装卸站台是火车或汽车装卸货物用的建筑平台。站台高度与铁路货车车厢底面或汽车车厢底面高度相等,以便于叉车作业,站台的宽度和长度要根据作业方式与作业量大小而定。

用汽车运输时,根据汽车的一般类型,站台应高出地面0.9~1.2m。用火车运输时,站台的高度应与车厢底面平行。各参数如表2-1和表2-2所示。

表2-1 各车辆适应的站台高度

车 型	站台高度(m)
集装箱卡车	1.40
冷藏车	1.32
作业拖车	0.91
载重车	1.17
长途挂车	1.22
普通卡车	1.17

表2-2 仓库站台主要参数

项 目	汽车站台(m)	铁路站台(m)
一般站台高度	2.0~2.5	3.5
小型作业叉车站台宽度	3.4~4.0	≥4.0
站台高度	高于地面0.9~1.2	高于轨顶1.1

续表

项　目	汽车站台(m)	铁路站台(m)
站台上雨棚高度	高于地面 4.5	高于轨顶 5.0
站台边距铁路中心	—	1.75
站台端头斜坡道坡度	≤10%	≤10%

2. 辅助生产区

辅助生产区包括机修车间、车库、包装间、配电室等，虽然不直接参与仓储作业，但它是完成仓储作业所必需的，所以辅助生产区的布置应尽量减少占地面积，保证仓库安全。

3. 行政生活区

行政生活区是仓库行政管理机构和生活区域。一般设置在仓库出入口附近，便于业务接洽和管理，并且行政生活区与生产作业区应隔开，并保持一定距离，以保证仓库的安全及行政办公和居民生活的安静。包括办公楼、宿舍、食堂、学校、幼儿园等。

在划定各个区域时，必须注意使不同区域所占面积与仓库总面积保持适当的比例。其中商品储存的规模决定了主要作业场所规模的大小，同时仓库主要作业的规模又决定了各种辅助设施和行政生活场所的大小。各区域的比例必须与仓库的基本职能相适应，保证货物接收、发运和储存保管场所尽可能占最大的比例，提高仓库的利用率。

实际上，在物流企业的大中型仓库内设有库区和行政生活区，两区之间应有高 2m 以上的实体围墙，围墙与库区内建筑的距离不宜小于 5m，并应满足围墙两侧建筑物间的防火距离要求。

将仓库内各区域的相对位置反映在一张平面图上，即为仓库总平面图，如图 2-39 所示。

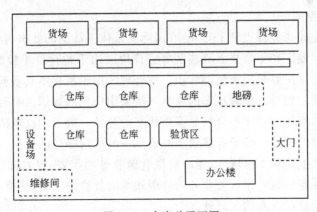

图 2-39　仓库总平面图

二、功能区域划分

（一）仓库空间需求分析

在仓库布局设计时，首先考虑物流公司仓库空间有哪些需求。一般来讲，包含以下空间，如图 2-40 所示。

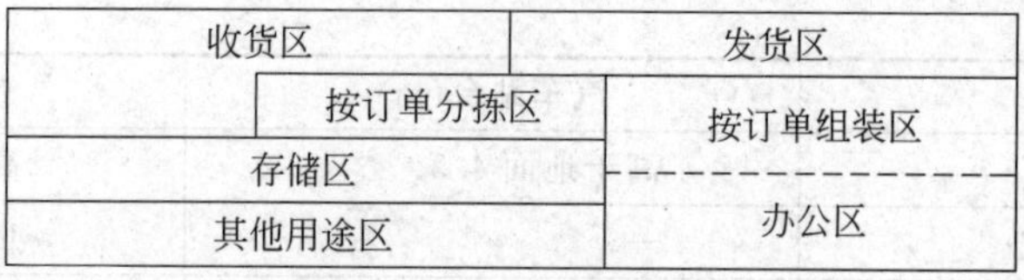

收货区		发货区	
	按订单分拣区	按订单组装区	
存储区			
其他用途区		办公区	

图 2-40　仓库空间需求

计算所需仓库空间，首先应对公司产品的需求做个预测，即根据产品种类，估计在一定的销售时期（通常为 30 天）产品的销量，然后估计各类产品安全储备在内的数量，接下来是计算各部分所占的空间。此时，公司对所需的基本储存空间就有了大致的估计。公司还必须为过道以及诸如电梯、会议室之类设施留出所需空间。仓库总空间的 1/3 通常无储存功能，很多公司通过计算机模拟来对这些空间进行决策。

1. 收货区与发货区

此空间需求为物流系统中的运输部分提供一个接口，即收货与发货接口。通常把它设在两个不同的位置以保证较高的效率。考虑到这些空间需求，公司必须决定是将接货点设在仓库外部，还是将货物直接利用运输工具卸载到仓库内部。公司必须考虑到装卸货物以及存放设备与托盘所需的空间。

在货物整合及运输前安排货物的场所同样很重要。此外，还必须有进行核对、点数和检查工作的空间。收发货物的体积和频率严格决定了对接货与发货空间的需求。

2. 按订单进行分拣、组装的空间

此空间需求是出于按要求进行分拣和组装，所需的空间大小取决于产品的自然属性以及处理时所采用的设备。这一场所的布局对高效运作和为客户服务方面起着关键性作用。

3. 实际存储空间

按照仓储作业的功能特点和 ISO 9000 国际质量体系认证的要求，存储区域可分为待检区、待处理区、存储区和不合格品隔离区等。待检区用于暂存处于检验过程中的商品。处于待检状态的商品一般采用黄色的标识。待处理区用于暂存不具备验收条件或质量暂时不能确认的商品。处于待处理状态的商品一般采用白色的标识。不合格品隔离区用于暂存质量不合格的商品。处于不合格品隔离状态的商品一般采用红色的标识。合格品存储区用于储存合格的商品。处于合格状态的商品一般采用绿色的标识。

仓库内除设置上述基本区域外，还应根据仓储业务的需要，设置卸货作业区、流通加工区和出库备货区等。为方便有关业务的处理和库内货物的安全，待检区、待处理区和不合格品隔离区应设置在出库的入口处。

4. 其他空间需求

公司还必须考虑三类额外的空间。第一，许多配送仓库必须有空间进行回收工作，即将未损坏的部件从损坏了的包装箱中分离出来。第二，管理和工作人员日常所需的办公空间。第三，休息室、职工食堂、公共场所及更衣室也需要空间。最后这三类空间的大小取决于一系列的变量。

例如，货物的平均损坏量和重新包装未受损货物的难易程度决定了回收工作所需空间的大小,而员工数量多少决定了所需食堂和更衣室的空间大小。

(二)仓库作业区设计

对于仓库的内部空间布局,主要是考虑仓库作业区的规划设计。

1. 存储区的设计

对于货物周转率低的仓库,首先要考虑的是存储区的设计。对于这类仓库,货位可以又宽又深,堆码的高度可以直达天花板或者在货物稳定摆放容许的范围内,货位间的通道也不需要很宽。但是,随着货物周转率的提高,应逐步降低货物堆码的高度并加宽通道的距离,这样可以缩短摆放和提取货物的时间。

2. 拣货区的设计

最简单的拣货区布局就是利用现有的存储区域,只是在必要时对堆码高度、相对于出库站台的存货位置、货位的尺寸进行调节以提高效率,见图2-41。

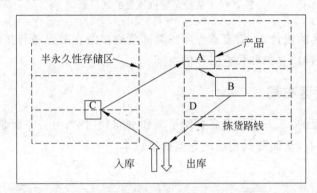

图2-41 从存储区拣货的区域系统

如果仓库货物的周转率较高,且客户的订单履行时需要拆装货物,那么对货位的要求可能会高,既要满足存储的要求,又要满足拣货的需要,这样可能会导致物料搬运成本过高,仓容利用率过低。造成这种现象的主要原因是在订单履行过程中,由于货物在仓库内的搬运距离比较长,耗费的时间也就延长了,成组化装运的货物被拆散,造成按顺序堆码和摆放的货物就会减少,由此降低了仓容的利用率。

还有一种被称为改良的区域系统的布局方案,即根据存储货物在仓库里的主要功能进行设置。在布局设计中指定某些区域系统作为存储区,这部分区域设计原则是满足拣货的需要并且要尽量减少客户的订单履行中的移动时间,见图2-42。

存储货位是用于存放半永久性的货物,当拣货区的货物减少时,可以用存储区的货物来补充,但大件、散装货物除外,这些货物仍放在存储区拣选,而对于成组装运的货物应在拣货区拆散。通常来说,拣货货位要比存储货位小,一般只有两个托盘那么深,其货架大小只有存储区货架的一半。在拣货区内货物堆码的高度应以工作人员方便为限。

3. 收货区和发货区的设计

在仓库的布局设计中还应留出一部分额外的空间,作为物流系统中的运输部分。通常都会把它们设在两个不同的位置以保证效率,也就是单独辟出专门的收货区和发货区。

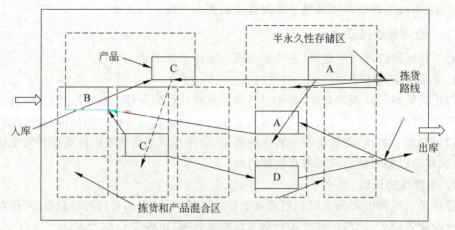

图 2-42 从指定货位拣货的区域系统

在收货区与发货区的设计中,需要重点考虑装卸货物以及存放设备与托盘所需要的空间,还要留出必要的核对、点数和检查工作的空间。

三、库内货区布局

货区布局的目的,一方面是提高仓库平面和空间利用率;另一方面是提高物品保管质量,方便进出库作业,从而降低物品的仓储处置成本。

> **小贴士**
>
> **货区布局的基本思路**
>
> (1) 根据物品特性分区分类储存,将特性相近的物品集中存放。
> (2) 将单位体积大、单位质量大的物品存放在货架底层,并且靠近出库区和通道。
> (3) 将周转率高的物品存放在进出库装卸搬运最便捷的位置。
> (4) 将同一供应商或者同一客户的物品集中存放,以便于进行分拣配货作业。

仓库货区布局分为平面布局和空间布局。

(一) 平面布局

平面布局是指对货区内的货垛、通道、垛间距、收发货区等进行合理的规划,并正确处理它们的相对位置。平面布局的形式可以概括为垂直式和倾斜式。

1. 垂直式布局

垂直式布局是指货垛或货架的排列与仓库的侧墙相互垂直或平行,具体包括横列式布局、纵列式布局和纵横式布局。

1) 横列式布局

横列式布局是指货垛或货架的长度方向与仓库的侧墙相互垂直。这种布局的主要优点是主通道长且宽,副通道短,整齐美观,便于存取查点,如果用于库房布局,还有利于通风和采光,如图 2-43 所示。

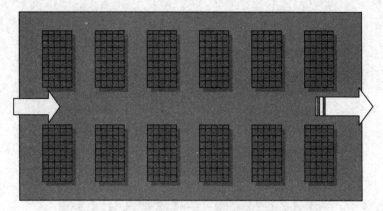

图 2-43　横列式布局

2）纵列式布局

纵列式布局是指货垛或货架的长度方向与仓库侧墙平行。这种布局的优点主要是可以根据库存物品在库时间的不同和进出频繁程度安排货位。在库时间短、进出频繁的物品放置在主通道两侧；在库时间长、进库不频繁的物品放置在里侧，如图 2-44 所示。

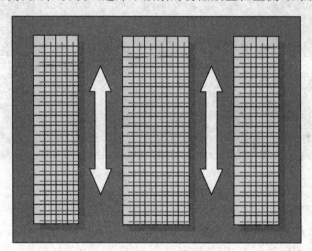

图 2-44　纵列式布局

3）纵横式布局

纵横式布局是指在同一保管场所内，横列式布局和纵列式布局兼而有之，可以综合利用两种布局的优点，如图 2-45 所示。

2. 倾斜式布局

倾斜式布局是指货垛或货架与仓库侧墙或主通道成 60°、45°或 30°夹角。具体包括货垛倾斜式布局和通道倾斜式布局。

1）货垛倾斜式布局

货垛倾斜式布局是横列式布局的变形，它是为了便于叉车作业、缩小叉车的回转角度、提高作业效率而采用的布局方式，如图 2-46 所示。

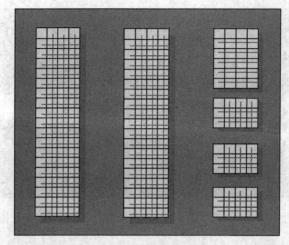

图 2-45　纵横式布局

图 2-46　货垛倾斜式布局

2）通道倾斜式布局

通道倾斜式布局是指仓库的通道斜穿保管区，把仓库划分为具有不同作业特点，如大量存储和少量存储的保管区等，以便进行综合利用。这种布局形式，仓库内形式复杂，货位和进出库路径较多，如图 2-47 所示。

（二）空间布局

空间布局是指库存物品在仓库立体空间上布局，其目的在于充分有效地利用仓库空间。空间布局的主要形式有就地堆码、上货架存放、加上平台、空中悬挂等。

其中，使用货架存放物品有很多优点，概括起来有以下几个方面。

（1）便于充分利用仓库空间，提高库容利用率，扩大存储能力。

（2）物品在货架里互补挤压，有利于保证物品本身和其包装完整无损。

（3）货架各层中的物品，可随时自由存取，便于做到先进先出。

（4）物品存入货架，可防潮、防尘，某些专用货架还能起到防损伤、防盗、防破坏的作用。

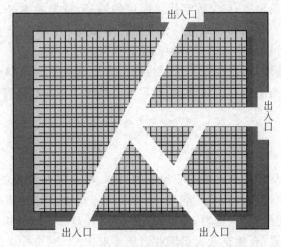

图 2-47　通道倾斜式布局

四、货位编号

货位编号就是将商品存放场所按照位置的排列，采用统一标记编上顺序号码，并做出明显标志。科学、合理的货位编号在整个仓储管理中具有重要的作用，在商品保管过程中，根据货位编号可以对库存商品进行科学、合理的养护，有利于对商品采取相应的保管措施；在商品收发作业过程中，按照货位编号可以迅速、准确、方便地进行查找，不但提高了作业效率，而且减少了差错。

货位编号应按一定的规则和方法进行。首先，确定编号的先后顺序规则，规定好库区、编排方向及顺序排列；其次，采用统一的方法进行编排，要求在编排过程中所用的代号、连接符号必须一致，每种代号的先后顺序必须固定，每一个代号必须代表特定的位置。

1. 区段式编号

把存储区分成几个区段，再对每个区段编号。这种方式是以区段为单位，每个号码代表的储区较大，区段式编号适用于单位化商品和大量商品而保管期短的商品。区域大小根据物流量大小而定。图 2-48 为储区的区段式编号。

图 2-48　区段式编号

2. 品项群式编号

把一些相关性强的商品经过集合后，分成几个品项群，再对每个品项群进行编号。这种方式适用于容易按商品群保管和品牌差异大的商品，如服饰群、五金群等。

3. 地址式编号

利用保管区仓库、区段、排、行、层、格等进行编码。如在货架存放的仓库，可采用 4 组数字来表示商品存在的位置,4组数字代表库房的编号、货架的编号、货架层数的编号和每一层中各格的编号。可以知道编号的含义是1号库房,第11个货架,第一层中的第五格,根据货位编号就可以迅速地确定某种商品具体存放的位置。

此外,为了方便管理,货位编号和货位规划可以绘制成平面布局图,这样不但可以全面反映库房和货场的商品储存分布情况,而且可以及时掌握商品储存动态,便于仓库结合实际情况调整安排。

本章小结

(1) 仓储组织和人员配备就是按照预定的目标,将仓储作业人员与储存手段有效结合起来,完成仓储作业过程各环节的职责,为物品流通提供良好的储存劳务,加速物品在仓库中的周转,合理使用人力、物力,取得最大的经济效益。组织结构建立的原则;典型的仓储企业组织结构形式;仓储企业人员职业资质要求。

(2) 仓库是物流企业里最常见的物流设施,根据使用范围不同、存储商品不同、保管条件不同、建筑结构不同、库内形态不同、仓库功能不同,具有不同的类型。

(3) 仓储设施设备是进行仓储管理的重要工具和手段,为了更高效地实现仓储的基本功能,必须借助于机械等设备的帮助和支持,例如,货架、托盘、叉车等。

(4) 仓库布局与储位的划分可以使仓库布局更加合理,提高保管质量及仓库空间利用率。具体包括仓库总平面布局设计、功能区域划分、库内货区布局等。

课堂实训

1. 工作目标

实训条件:某物流企业仓库。
(1) 根据仓库主要设备及特点选择能满足企业生产经营活动的设施设备的能力。
(2) 进行仓库内部布局的能力。
(3) 货位编排定位的能力。
(4) 选择合理存储方式的能力。
(5) 树立作业过程中节约费用和降低成本的意识。

2. 工作准备

(1) 了解调研目的。
(2) 分组,将全班同学分成不同的小组,每组4~5个人。
(3) 仓库的分类与特点。
(4) 货架的结构特点,根据物品类型及仓库空间选择货架。
(5) 工作时间安排4课时。

3. 工作任务

选择当地一家物流公司或工商企业的配送中心或仓库,进行现场调查,了解该仓库的布局规划及仓库设备配备。
(1) 仓库门口:介绍实训项目的内容及要求,讲解仓库编号的一般原则及仓库号的标注位置。

(2) 进入仓库：介绍仓库内部布局及作业区的划分、仓库的库号、库内货架号、货架的层号、货位的位号等；介绍仓库货架的类型及特点；介绍托盘、叉车等其他仓库设施与设备的实际利用。

(3) 模拟：根据该仓库的性质，模拟储存物资的种类。

例如，仓库储存的主要货物有日用百货和家用电器等，假如该仓库现要准备接收一批矿泉水、可乐、果汁、饼干、卫生纸、大米、酱油、彩电、空调、洗衣机、电冰箱等。要求完成以下工作任务。

① 请为该企业仓库设计规划库房。
② 对准备要储存的商品进行分类、分区。
③ 为这些商品进行合理地储位规划。
④ 以组为单位，完成库房设计规划报告。

阅读案例

京东"亚洲一号"

京东"亚洲一号"位于上海嘉定区的物流仓库，90%的操作均实现了自动化，达到世界先进水平。

走进"亚洲一号"，第一感觉是"高、大、上"。

由于仓储实现了自动化，"亚洲一号"的仓储高度达到24m，而用叉车装卸的普通仓库一般只有9m高。

"亚洲一号"建筑面积接近10万 m^2，光储物区就有七八层，每一层都是百米长的长廊，两边货架上根据标号不同，摆放着笔记本电脑、显示屏、厨房电器等各类产品。

更炫目的在于"亚洲一号"的自动化程度。工人只需将货物放到机器托盘上，机器就会自动将货物摆放到指定位置。储物区每层楼只需一名工作人员，当需要发货时，工人会收到作业指示，将指定货物从货架取下，扫码后放到自动传送带上。自动传送带将货物高速送入打包区，经计算机精密计算，包裹会自动配送到空闲的打包工位。工人扫描包裹，机器自动打印出物流配送信息及发票，完成打包。为了缓解工人长期站立的疲劳，京东还在每个打包点的地面贴了一层特制软垫。

接下来是类似"摩登时代"的场景：完成打包的商品重回流水线，经高低错落的传送轨道最终交叉汇聚至自动分拣系统。系统扫描识别配送地点，然后自动将包裹传送至对应的货道，例如，无锡地区的包裹就会传送至标志着"无锡"的轨道，然后由工人用自动托运车运走。而无论商品在哪个环节，都会经过一次扫码，让消费者随时随地能了解商品的物流配送信息。

"亚洲一号"的分拣处理能力每小时能达到1.6万件，而且是全自动化作业，已达到目前全球最高水平，京东上海"亚洲一号"的仓库管理系统、仓库控制系统、分拣和配送系统等整个信息系统均由京东自主开发，拥有自主知识产权，所有从国外进口的世界先进的自动化设备均由京东进行总集成。

随着电子商务规模和业态趋于完善，消费者体验的重要性日益突出，物流有可能成为电商下一轮竞争的聚焦点。

(资料来源：根据经济参考报，2015年6月15日，有改编)

(1) 简述仓储企业人员的职业资质要求。
(2) 简述仓库的几种主要分类及特点。
(3) 简述几种典型货架、叉车的使用特点。
(4) 仓库布局的原则是什么?
(5) 如何进行仓库布局的功能划分?

第三章 仓储作业管理

【知识目标】

（1）学会仓库入库作业流程；懂得进行仓库入库作业操作；掌握仓库入库的单证缮制、审核。

（2）掌握货物在库作业准备的知识；掌握货物保管、保养的基本原理；掌握盘点作业方式。

（3）掌握出库的要求；了解物品出库的原则；领会物品出库的基本流程。

【技能目标】

（1）准确、及时地办理货物的入库验收及交接手续；审核仓库入库的单证。

（2）能够根据物品保管作业的要求填制和传递相关单据；能够根据货物属性进行物品的堆码、苫盖、垫垛等。

（3）能制定与填写出库订单、拣选单、补货单等单据报表；能解决物品出库中的实际问题。

【引导案例】

某光电科技有限公司位于广东惠州金源工业区，它成立于1998年，是一家专业照明器与电气装置产品制造商，它是行业的龙头企业。凭借优异的产品品质、卓越的服务精神，获得了客户的广泛认可与赞誉。

该公司总部共有成品仓库3个，分别是成品一组仓库、成品二组仓库和成品三组仓库。公司按产品的型号不同而将产品分放在不同的仓库，其中成品一组仓库位于一楼，目的是方便进出货，所以它那里存放的货物相对种类比较多一点，如筒灯、灯盘等。并且所有的外销品也存放在一组。成品二组仓库储存的主要是路轨灯、金卤灯、T4灯、T5灯以及光源。公司的几大光源都存放在成品二组仓库。成品三组仓库主要存放特定的格栅灯、吸顶灯、导轨灯以及别的公司的一些产品。

1. 仓库储存空间分析

该公司的产品销量很好,仓库的出入库频率大,货品流量也就很大。该公司的仓库空间布局是上货架存放货物,立体的空间利用率不高,所以仓库机械化程度也不是很高,仓库内只有叉车,包括手动叉车和电动叉车。

仓库的作业方法,一般都用叉车,很少用人力。对于货物的收发,用的是物资收发卡,每一次的收发货都会在物资收发卡上做登记,这样就很方便平时查货等的一些后续工作,从目前的工作结果来看,效率比较高,作业也比较方便。

仓库平时经常会因为储存空间不够用而将货物存放在作业空间的位置上,特别是在产品的销售旺季时,仓库产品存放特别拥挤,在里面工作让人觉得有一点儿压抑。所以仓库的作业环境不怎么合理。

2. 货位管理的分析

由于该公司仓库的所有库位都用的定位储存原则,按照该公司的仓库现状来看,全部使用定位储存原则是不太合理的,应该按照产品不同特点与存储要求,将产品进行分类,对于重要的产品,数量少、品种多的产品使用定位储存。而由于公司的产品特性几乎都一样,不会相互排斥,是可以把它们随机放在一起的。

 引例分析

仓库仓储系统的主要构成要素包括储存空间、货品、人员及设备等要素。储存是仓库的核心功能和关键环节,储存区域规划合理与否直接影响到仓库的作业效率和储存能力。因此,储存空间的有效利用成为仓库管理好坏的重要影响因素之一。货位管理是对货品如何处理、如何放置、放置在何处等进行合理有效的规划和管理。而货品如何处置、如何放置,主要由所采取的储存策略决定,货品的具体存放位置,则要结合相关的货位分配原则来决定。

学习内容

仓库保管作业活动内容表

业务阶段	业务活动	作业内容
入库阶段	入库准备	了解各种入库货物的状况 制订仓储计划 掌握仓库库场情况 仓库妥善安排货位 做好货位准备 准备必要的苫垫材料、作业用具 装卸搬运流程设定 文件单证准备 合理安排人力、设备

续表

业务阶段	业务活动	作业内容
入库阶段	接运	接运卸货作业 核查入库凭证
	验收	验收准备 核对资料 检验
	交接	商品入库验收单 商品溢余短缺报告单 商品残损变质报告单
储存保管阶段	储存保管	分类整理 上架、堆垛 倒垛 储存经济管理(定额、财产处理) 安全管理
	维护保养	温度、湿度控制 维护保管 检查、盘点
出库阶段	出库	核对凭证 审核、划价 备料、包装 改卡、记账
	发运代运	领料或送料 代办托运

第一节 入库作业

商品入库作业也叫收货作业,它是仓储作业的开始。商品入库管理,是根据商品入库凭证,在接收入库商品时所进行的卸货、查点、验收、办理入库手续等各项业务活动的计划和组织。

货物入库的基本要求是根据货主的入库凭证,清点货物数量,检查货物和包装的质量,检验货物的标志,并按照规程安排货物入库存放。在入库作业环节中,应注意认真做好入库记录,并与承运人共同签字,以便分清责任。对于负责入库的业务人员来说,在进行货物入库的工作中应做到手续简便清楚、作业快且稳定、技术准确,认真把好入库关。

入库作业阶段由入库前准备、接收、上架三个环节构成。

思考

仓管员对货物入库的准备

大连兴隆物流公司是一家专业为客户提供管理一体化的家电仓储服务的公司,拥有

150多万m²的仓库。小张是一名刚刚毕业的物流专业的学生,有幸成为该公司的员工,负责仓库收货入库、发货出库、盘点等工作。

现有100台型号为XQG50-D809,规格为60cm×58cm×80cm的洗衣机装载在大连兴隆物流公司的车辆上,从沈阳客户仓库运到大连仓库。预计于2016年8月1日上午9时到达。发货人是沈阳海尔公司,收货人是大连国美电器胜利店。小张作为一名仓管员,应该如何操作?

一、入库前的准备工作

1. 了解各种入库货物的状况

仓库管理人员需了解入库货物的品种、规格、数量、包装状态、单体体积、到库确切时间、货物存期、货物的理化特性以及保管要求,精确、妥善地进行库场安排、准备。

2. 制订仓储计划

根据货物情况、仓库情况、设备情况,仓库管理人员制订出仓储计划,并将计划下发各相应的作业人员。仓库业务部门编制入库计划表如表3-1所示。

表3-1 入库计划表

送货单位:沈阳海尔公司　　预入库日期:2016年8月1日　　NO.　　仓库:大连库

货物品名	型号	数量	时间	所需资源	备注
海尔洗衣机	XQG50-D809	100台	上午9:00	搬运人员5名 手动叉车司机5名 货位27m³	

3. 掌握仓库库场情况

了解货物入库期间、保管期间仓库的库容、设备、人员的变动情况,安排好工作。出库需使用重型设备操作的货物,要确保有可使用设备的货位。必要时对仓库进行清查,清理归类,以便腾出仓容。

4. 仓库妥善安排货位

仓库根据入库货物的性能、数量和类别,结合仓库分区分类保管的要求,核算货位的大小,根据货位使用原则,严格验收场地,妥善安排货位,确定苫垫方案及堆垛方法等。

5. 做好货位准备

彻底清洁货位,清除残留物,清理排水管道(沟),必要时安排消毒、除虫、铺地。仔细检查照明、通风等设备,发现损坏及时通知修理。

6. 准备必要的苫垫材料、作业用具

在货物入库前,根据所确定的苫垫方案,准备相应材料以及所需用具,并组织衬垫铺设作业。

7. 装卸搬运流程设定

根据货物、货位、设备条件和人员等情况,合理、科学地制定装卸搬运流程,保证作业

效率。

8. 文件单证准备

仓库管理员应妥善保管货物入库所需的各种报表、单证和记录簿等,如入库记录、理货检验单、存卡和残损单等,以备使用。

9. 合理安排人力、设备

根据入库货物的数量和时间,安排好物资验收人员、搬运堆码人员、物资入库工作过程,以及用来验收用的点数、测试、开箱等工具,确定各个工作环节所需要的人员和设备。由于仓库、物资业务性质不同,入库准备工作也有所差别,这就需要根据具体情况和仓库制度做好充分准备。

> **小贴士**
>
> **做好进货入库计划需了解的情况**
>
> 为做好进货入库计划,仓储配送中心的管理人员需了解以下情况。
>
> 1. 熟悉入库货物状况
>
> 仓库管理人员需了解入库货物的品种、规格、数量、包装状态、单体体积、到库确切时间、货物存期、货物的理化特性以及保管要求,精确、妥善地进行库场安排、准备。
>
> 2. 全面掌握仓库库场情况
>
> 了解货物入库期间、保管期间仓库的库容、设备、人员的变动情况,安排好工作。必须使用重型设备操作的货物,要确保有可使用的设备和货位。必要时对仓库进行清查,清理归位,以便腾出仓容。

二、货物接收

入库作业主要包括送达货物的卸货作业,核对货物数量及状态的验收作业以及入库上架作业。由于配送中心的收货工作非常繁忙,通常会几辆卡车接连到达,为了节约时间,一般采取"先卸后验"的办法,几辆卡车同时卸车,先卸完的先验收,交叉进行,既可节省人力,又可加快验收速度,还可有效防止出现差错。

(一)接运卸货作业

物品入库除了一小部分由供货商直接运到仓库外,大部分要经过铁路、公路、航运、空运和短途运输等运输工具转运。凡经过交通运输部门转运的商品,均需经过仓库接运后,才能进行入库验收。因此,商品的接运是商品入库业务流程的第一道作业环节,它的主要任务是及时而准确地向交通运输部门提取入库商品,要求手续清楚、责任分明,为仓库验收工作创造有利条件。因为接运工作是仓库业务活动的开始,是商品入库和保管的前提,所以接运工作好坏直接影响商品的验收和入库后的保管保养。

由于接运工作直接与交通运输部门接触,所以做好接运工作还需要熟悉交通运输部门的要求和制度。例如,发货人与运输部门的交接关系和责任的划分,铁路或航运、海运等运输部门在运输中应负的责任,收货人的责任,铁路或其他运输部门编制普通记录和商务记录的范围,向交通运输部门索赔的手续和必要的证件等。

做好商品接运业务管理的主要意义在于,防止把在运输过程中或运输之前已经发生的商品损害和各种差错带入仓库,减少或避免经济损失,为验收和保管保养创造良好的条件。

1. 场站接货

车站、码头接货一般是指仓储企业受存货人委托或合约约束到车站、码头接运物品到储存地。一般零担托运和小批量物品采用此方法,需要注意以下几点。

(1) 提货人员对所提取的商品应了解其品名、型号、特性和一般保管知识、装卸搬运注意事项等。在提货前应做好接运货物的准备工作,如装卸运输工具,腾出存放商品的场地等。提货人员在到货前,应主动了解到货时间和交货情况,根据到货多少,组织装卸人员、机具和车辆,按时前往提货。

(2) 提货时应根据运单及有关资料详细核对品名、规格、数量,并要注意商品外观,查看包装、封印是否完好,有无玷污、受潮、水浸、油渍等异状。若有疑点或不符,应当场要求运输部门检查。对短缺损坏情况,凡属铁路方面责任的,应做出商务记录;属于其他方面责任需要铁路部门证明的应做出普通记录,由铁路运输员签字。注意记录内容与实际情况要相符合。

(3) 在短途运输中,要做到不混不乱,避免碰坏损失。危险品应按照危险品搬运规定办理。

(4) 商品到库后,提货员应与保管员密切配合,尽量做到提货、运输、验收、入库、堆码成一条龙作业,从而缩短入库验收时间,并办理内部交接手续。

2. 专用线接车

所谓专用线就是专门为某企业修建或使用的铁路专用线,一般为支线。通过专用线接车是指仓储企业在本企业的专用线上接货,一般是大批整车物品接运采用此方法。其接车步骤为以下几点。

(1) 接到专用线到货通知后,应立即确定卸货货位,力求缩短场内搬运距离。组织好卸车所需要的机械、人员及有关资料,做好卸车准备。

(2) 车皮到达后,引导对位,进行检查。看车皮封闭情况是否良好(即卡车、车窗、铅封、苫布等有无异状),根据运单和有关资料核对到货品名、规格、标志和清点件数;检查包装是否有损坏或有无散包;检查是否有进水、受潮或其他损坏现象。在检查中发现异常情况,应请铁路部门派员复查,做出普通记录或商务记录,记录内容应与实际情况相符,以便交涉。

(3) 卸车时要注意为商品验收和入库保管提供便利条件,分清车号、品名、规格,不混不乱;保证包装完好,不碰坏,不压伤,更不得自行打开包装。应根据商品的性质合理堆放,以免混淆。卸车后在商品上应标明车号和卸车日期。

(4) 编制卸车记录,记明卸车货位规格、数量,连同有关证件和资料,尽快向保管人员交代清楚,办好内部交接手续。

3. 仓库自行接货

仓库自行接货是指仓储企业直接到存货委托人制定的企业接货的一种方式。其步骤如下。

(1) 仓库接受货主委托直接到供货单位提货时,应将这种接货与出验工作结合起来同时进行。

(2) 仓库应根据提货通知,了解所提取货物的性能、规格、数量,准备好提货所需要的机械、工具、人员,配备保管人员在供方当场检验质量、清点数量,并做好验收记录,接货与验收合并一次完成。

4. 库内接货

存货单位或供货单位将商品直接接运送到仓库储存时,应由保管人员或验收人员直接与送货人员办理交接手续,当面验收并做好记录。若有差错,应填写记录,由进货人员签字证明,据此向有关部门提出索赔。

(二)核查入库凭证

1. 入库通知单与订货合同

入库通知单和订货合同副本是仓库接收物品的凭证,应与所提交的随货单证及货物内容相符。

2. 供货商单证

供货商单证主要包括送货单、装箱单、磅码单、原产地证明等。送货单由供货商开具,通常包括五联:白联为存根,由发货部门留存;红联为记账联,交财务;黄绿联为回单,由收货人签字确认后带回;蓝联交收货人留存;黄联为出门证,交门卫。送货单如图3-1所示。

送 货 单

No.0003262

年　月　日　　　　　收货单位:

货号	品名及规格	单位	数量	单价	金额	备注
合计人民币(大写)		拾 万 仟 佰 拾 元 角 分 ¥				

① 存根

收货单位及经手人(盖章)　　　　送货单位及经手人(盖章)

图3-1 送货单

装箱单、磅码单是商业发票的一种补充单据,是商品的不同包装规格条件、不同花色和不同重量逐一分别详细列表说明的一种单据。它是仓库收货时核对货物的品种、花色、尺寸、规格的主要依据。

原产地证明用以证明物品的生产国别,进口国海关凭以核定应征收的税率。在我国,普通产地证可由出口商自行签发,或由进出口商品检验局签发,或由中国国际贸易促进委员会签发。实际业务中,应根据买卖合同或信用证的规定,提交相应的产地证。

3. 承运人单证

承运人单证主要指运单。运单是由承运人或其代理人签发的,证明物品运输合同和物品由承运人接管或装船,以及承运人保证将物品交给指定的收货人的一种单证。

运单由承运单位开出,内容包括承运物品名称、包装状况、单位、单价、数量、承运时间、联系方式等信息,通常运单包括3~5联,主要的作用:①"两次三方"的物品交接的凭证,"三方"指的是托运人、承运人、收货人;"两次"指的是托运人与承运人物品交接、承运人与收货人物品交接。②承运方与托运方的财务核算的凭证。

三、验收作业

验收是按照订购的要求或合同规定,对到达物资进行检验和接收。商品在供应商与仓储配送中心之间相互有交接关系,所以验收的目的首先在于与送货单位分清责任,避免将商品在运输过程中造成的商品溢缺、损失带入配送中心;其次可了解货物状况,方便后续储存工作。验收工作是做好保管工作的首要环节,也是企业进行全面质量管理的重要内容之一。验收的具体过程如下。

1. 验收准备

为了保证验收工作及时而准确地完成,验收前要进行充分的准备。主要包括全面了解验收物资的特性、准备验收设备工具材料、收集和熟悉验收凭证及有关资料。

2. 核对资料

需核对的资料有物资采购单、入库通知单、供货合同、供货单位提供的质量证明书或合格证、装箱单、磅码单、发货明细表以及运输部门提供的运单、途中残损记录等。

3. 检验货物

检验货物是仓储业务中的一个重要环节,必须经过商品条码标识、数量、质量、包装四个方面的验收。

1)条码标识验收

在条码标识验收时要抓住两个关键:①检验该商品是否是有送货预报的商品;②验收该商品的条码与商品数据库内已登录的资料是否相符。

2)数量验收

数量验收是保证物资数量准确不可缺少的措施,要按供需双方约定或供货合同规定的计量方法来点检。在一般情况下,按重量供货的应过磅验收;按理论货重换算供货的应按理论换算验收;按件供货的应点件验收;按体积供货或以体积为计量单位的物品,要先检尺,后求积;按定尺或定量包装供货的,可适量抽验,把点检的结果作为到货的实收数量,某些产品需要在收货方的技术人员指导下点检。

> **小贴士**
>
> ### 抽查比例
>
> 抽查比例根据货物特性、厂家信誉、运输情况和包装来决定,一般可抽查10%～20%,如以往对该供应商的产品检查无问题、运输途中状态良好、包装完好者也可少查;反之则多查或全查。物资到达批量多时,其抽查的绝对数就多。因此,抽查的比例可适当减少,但也不得少于5%。
>
> 抽查无问题,其余包装严密和捆扎完好,就不再逐件检查。抽查不符合规定要求时或有问题时,应全部重新检查。贵重物资应酌情提高检查比例或全部检查。

3) 质量验收

由于交接时间短促和现场码盘等条件的限制,在验收时,一般只能用"看""闻""听""摇""拍""摸"等感官检验方法,检查范围也只能是包装外表。

对于流汁商品的验收,应检验包装外表有无污渍(包括干渍和湿渍),若有污渍,必须拆箱检验并调换包装;对于玻璃制品的验收(包括部分是玻璃制作的制品),要件件摇动或倾倒细听声响;对于香水、花露水等商品的验收,除了听声响外,还可以在箱子封口处"闻";对于针织品等怕湿商品的验收,要注意包装外表有无水渍;对于有有效期的商品的验收,必须严格注意商品的出厂日期,并按规定把关,防止商品失效和变质。

> **小贴士**
>
> 在货物外箱上做已验收标记,并注明该托盘上的货物数量及入库货位编号信息,以便保管。

4) 包装验收

包装验收是为了保证商品在运行途中的安全。物流包装一般在正常的保管、装卸和运送途中,经得起颠簸、挤压、摩擦、污染等影响。在包装验收时,应具体检查纸箱封条是否破裂、箱盖(底)是否粘牢、纸箱内包装或商品是否外露、纸箱是否潮湿。

> **小贴士**
>
> ### 验收中出现问题的处理
>
> 在物资验收过程中,如果发现物资数量或质量存在问题,应该严格按照有关制度进行处理。验收过程中发现问题进行处理时应该注意以下几点。
>
> 1. 单据不全的处理
>
> 凡验收所需的证件不齐全时,到库物资仍做待验物资处理,待证件到齐后再进行验收,若条件允许也可提前验收。
>
> 2. 单单不符的处理
>
> 单单不符是指供应商提供的质量证明书等与客户提供的入库单不符。遇到这种情况应立即通知客户,按客户提出的办法办理,并记录全过程在案备查。

3. 质量有异的处理

凡规格、质量、包装不符合要求或在途中受损变质者,均称质量有异。此时,应先将合格品验收入库,不合格品分开堆放,做出详细记录,并立即通知客户。

与发货单位交涉期间,对不合格品要妥善保管,如货主同意按实际情况验收入库时,应让货主在验收记录上签章。验收后,仍应将不合格品单存、单发,并填写入库验收单。

4. 数量不符的处理

若实验数量大于送验数量时,则以送验数量为验收数量。

若实验数量小于送验数量并小于合同中的磅差率,则以送验数量为验收数量。

若实验数量小于送验数量并大于合同中的磅差率时,经核实后立即通知货主。在货主未提出处理意见前,该物资不得动用。如供货单位来复磅,验收员应积极配合,提供方便;若供货单位不来复磅,验收员需提供到货登记表、检斤单、检尺单、铁路记录等相关验收证明材料(复印件),并加盖公章。

5. 有单无货的处理

有单无货是指有关单据已到库,但在规定时间内物资未到。此时,应及时向货主反映,以便查询。

6. 错验的处理

验收员在验收过程中发生数量、质量等方面的差错时,应及时通知货主,积极组织力量进行复验,及时更正。

四、办理交接手续

(一)交接记录

(1)商品检验后,仓库保管员应按验收情况进行记录,填写相关验收单据,完成验收交接手续,填写接运记录单,如表3-2所示。

(2)填写验收单据时,质量合格的实际数量填制商品入库验收单,如表3-3所示。

(3)如果数量不符,还应填制商品溢余短缺报告单,如果有轻微质量问题,还应对这些商品填写商品残损变质报告单,如表3-4和表3-5所示,经仓库负责人核对人核对签字后,作为今后与供货方、运输方交涉的凭证。验收过程中如遇严重问题应填写物资异常报告,如表3-6所示,交货主确认。

表3-2 接运记录单

序号	到达记录								接运记录					交接记录			
	通知到达时间	运输方式	发货站	发货人	运单号	车号	货物名称	件数	重量	日期	件数	重量	缺损情况	接货人	日期	接货通知单编号	附件	收货人

表 3-3　商品入库验收单

发货单位：
发货单号数：
合同编号：　　　　　　　　　年　月　日　　　　　存放仓库：

商品编号	品名	规格型号	包装细数	单位	单价	应收		实收	
						数量	金额	数量	金额
合　计									

会计：　　　　　　记账：　　　　　　　　验收：　　　　　　制单：

表 3-4　商品溢余短缺报告单

仓库：　　　　　　　　　　　年　月　日　　　　　　　　　No.

商品编号	品名	规格型号	包装细数	单位	单价	应收	实收	溢余	短缺	金额
溢余（短缺）原因										
处理意见										

仓库主管：　　　　　保管：　　　　　　　复核：　　　　　　制单：

表 3-5　商品残损变质报告单

仓库：　　　　　　　　　　　年　月　日　　　　　　　　　No.

商品编号	品名	规格型号	包装细数	单位	数量	原来单价	原来金额	重估单价	重估金额	原因
审核意见					领导批示					

表 3-6　物资异常报告

序号　　　　　　　　　　　　　　　　　日期

物资编号	品　名	规　格	数　量	异常情况

送货人：　　　　　　　　检验：

（二）立卡

"卡"又称"物品保管卡"，能够直接反映该垛货物品名、型号、规格、数量、单位及进出动态和积存数，如表 3-7 所示。

表 3-7　物品保管卡

No.：

来源				年　月　日					名称	
到货通知单	到货日期		名称					验收情况	型号	
	合同号		型号						规格	
	车号		规格						单位	
	运单号		件数	单位	数量	单价	交货		技术条件	
	运输号								存放地点	

年		凭证号	摘要	收入			付出			结存			备料		情况	
月	日			件数	数量	金额	件数	数量	金额	件数	数量	金额	厂名	件数	数量	结存

卡片应按"入库通知单"所列内容逐项填写。货物入库堆码完毕，应立即建立卡片，一垛一卡。对于此卡片的处理，通常有以下两种方式。

(1) 由保管员集中保存管理。这种方法有利于责任制的贯彻，即专人专责管理。但是如果有进出业务而该保管员缺勤时就难以及时进行。

(2) 将填制的料卡直接挂在货物垛位上。挂放位置要明显、牢固。这种方法的优点是便于随时与实物核对，有利于物资进出业务的及时进行，可以提高保管人员作业活动的工作效率。

（三）登账

货物入库，仓库应建立"实物保管明细账"，登记货物进库、出库、结存的详细情况。

"实物保管明细账"按货物的品名、型号、规格、单价、货主等分别建立账户。此账采用活页式,按货物的种类和编号顺序排列。在账页上要注明货位编号和档案号,以便查对。实物账必须严格按照货物的入出库凭证及时登记,填写清楚、准确。记账发生错误时,要按"划红线更正法"更正。账页记完后,应将结存数结转新账页,旧账页应保存备查。登账凭证要妥善保管,装订成册,不得遗失。实物保管要经常核对,保证账、卡、物相符。

它是反映在库储存货物进出、存动态的账目,也是核对储存货物动态和保证与财务总账相符的主要依据。按照账目管理分工,企业的财务部门负责总账的管理,一般只分物资大类记账,并凭此进行财务核算。货物保管部门负责物资明细大类记账,并凭此进行财务核算。货物保管部门负责物资明细账目的管理,凭此进行货物进出业务活动。明细账除有货物的品名、规格、批次之外,还要标明货物存放的具体位置、物资单价和金额等。

(四)建档

建档是将货物入库业务作业全过程的有关资料证件进行整理、核对,建立资料档案,以便货物管理和保持客户联系,为将来发生争议时提供凭据。同时也有助于总结和积累仓储管理经验,为货物的保管、出库业务创造良好的条件。

(五)签单

货物验收入库后,应及时按照"仓库货物验收记录"要求签回单据,以便向供货单位和货主表明收到货物的情况。另外,如果出现短少等情况,也可作为货主向供货方交涉的依据,所以签单必须准确无误。

五、入库上架

(一)入库步骤

1. 安排货位

安排货位时,必须将安全、方便、节约的思想放在首位,使货位合理化。货物因自身的自然属性不同而具有不同的自然性,有的怕冻,有的怕热,有的怕潮,有的怕虫蛀等。如果货位不能适应储存货物的特性,就会影响货物质量,发生霉腐、锈蚀、融化、干裂、挥发等。为了方便出入库业务,要尽可能缩短收发货作业时间,以最少的仓容,储存最大限量的货,提高仓容使用效能。

2. 搬运

经过充分的入库准备及货位安排后,搬运人员就可把验收场地上经过点检合格的入库货物,按每批入库单开制的数量和相同的唛头集中起来,分批送到预先安排的货位,要做到进一批、清一批,严格防止唛头互串和数量溢缺。

分类工作应力争送货单位的配合,在装车启运前,就做到数量准、批次清。对于批次多和批量小的入库货物,分类工作一般可由保管收货人员在单货核对、清点件数过程中同时进行;也可将分类工作结合在搬运时一起进行。

在搬运过程中,要尽量做到"一次连续搬运到位",力求避免入库货物在搬运途中的停顿和重复劳动,对有些批量大、包装整齐,送货单位又具备机械操作条件的入库货物,要争取送货单位的配合,利用托盘实行定额装载,往返于厂库之间,从而提高计数准确率、缩短卸车时间、加速货物入库。

3. 堆码

物品堆码是指根据物品的包装、外形、性质、特点、种类和数量,结合季节和气候情况,以及储存时间的长短,将物品按一定的规律码成各种形状的货垛。堆码的主要目的是便于对物品进行维护、查点等管理和提高仓库利用率。

(二)入库凭证流转程序

货物验收工作由理货员、计量员、复核员和业务受理员分工负责。理货员组织对货物的数量与外观质量验收、计量、堆码和记录等,并向业务受理员提交货物验收的结果和记录。

(1)业务受理员接收存货人的验收通知(也可由存货人委托仓库开具)、货物资料(如质保书、码单、装箱单、说明书和合格证等),登建货物档案,并将存货人验收通知单作为货物储存保管合同附件的形式进行管理,其信息输入计算机中生成验收通知单。然后将存货人验收通知单作为验收资料、收货单及其他验收资料一并交理货员。

(2)理货员根据业务受理员提供的收货单、验收资料、计量方式等确定验收方案、储存货位、堆码方式、所需人力和设备等,做好验收准备工作。

(3)由理货员开具作业通知单,进行验收入库作业,做好有关记录和标识。

(4)货物验收完毕后,理货员手动出具验收单,一式一联,一并交给复核员。同时负责作业现场与货位的清理和货牌的制作、悬挂。

(5)复核员依据收货单、验收码单对实物的品名、规格、件数和存放货位等逐项核对,签字确认后返回给理货员。

(6)理货员在经复核员签字的收货单、验收码单等诸联加盖"货物验收专用章"后,将验收码单输入计算机中,据此生成仓单附属码单,根据验收结果填写存货人验收通知和收货单,并与其他验收资料一并转回业务受理员处。

(7)业务受理员在对理货员返回的单据和验收资料审核无误后,由计算机打印仓单附属码单一式两联,依据收货单、验收码单、计算机打印的仓单附属码单第一联和第二联、存货人验收通知以及有关验收资料、记录,报主管领导或授权签字后,连同存货人验收通知、收货单、仓单附属码单第一联和第二联转给收费员。货物入库单证流程如图3-2所示。

(8)收费员依据仓单、物资储存保管合同约定的收费标准,结算有关入库费用并出具收费发票。

(9)业务受理员将仓单正联、存货人验收通知、仓单附属码单一联及收费单据等一并转交(寄)给存货人,其余单证资料留存并归档管理。

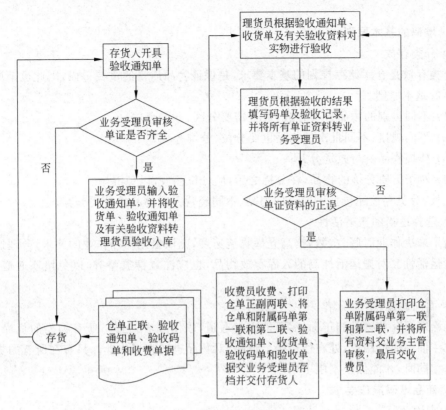

图 3-2 货物入库单证流程

第二节 在库作业

通常我们认为,物品在入库之后、出库之前处于保管、养护阶段。而现代物品的在库作业是伴随着物品储运全过程的技术性措施,是保证储运物品安全的重要环节,它的一个活动过程,贯穿于整个物流的各个环节。

物品保管养护的任务主要是根据物品的性能和特点,提供适宜的保管环境和保管条件,保证库存物品数量正确,质量完好,并充分利用现有仓储设施,为经济合理地组织物品供应打下了良好的基础。

货物的在库作业是由保管、养护、盘点等几个环节构成。

一、物品的保管作业

物品保管的原则:质量第一原则;科学合理原则;效率原则;预防为主原则。

(一)物品的堆码

堆码是指将物品整齐、规则地摆放成货垛的作业(根据《物流术语》(GB/T 18354—2006))。它根据物品的性质、形状、轻重等因素,结合仓库储存条件,将物品堆码成一定的货垛。

1. 堆码的基本原则

1)分类存放

分类存放是仓库储存规划的基本要求,是保证物品质量的重要手段,因此也是堆码需要遵循的基本原则。

(1)不同类别的物品分类存放,甚至需要分区、分库存放;

(2)不同规格、不同批次的物品也要分位、分堆存放;

(3)残损物品要与原货分开;

(4)对于需要分拣的物品,在分拣之后,应分位存放,以免混串。

此外,分类存放还包括不同流向物品、不同经营方式物品的分类分存。

2)选择适当的搬运活性

为了减少作业时间、次数,提高仓库物流速度,应该根据物品作业的要求,合理选择物品的搬运活性。对搬运活性高的入库存放物品,也应注意摆放整齐,以免堵塞通道,浪费仓容。

3)面向通道,不围不堵

货垛以及存放物品的正面,尽可能面向通道,以便查看;另外,所有物品的货垛、货位都应有一面与通道相连,处在通道旁,以便能对物品进行直接作业。只有在所有的货位都与通道相同时,才能保证不围不堵。

2. 商品堆码操作要求

1)牢固

操作工人必须严格遵守安全操作规程,防止建筑物超过安全负荷量。码垛必须不偏不斜、不歪不倒、牢固坚实,与屋顶、梁柱、墙壁保持一定的距离,确保堆垛的安全和牢固。

2)合理

不同商品其性能、规格、尺寸不相同,应采用各种不同的垛形。不同品种、产地、等级、批次、单价的商品,应分开堆码,以便收发、保管。货垛的高度要适度,不能压坏底层商品和地坪,并与屋顶、照明灯保持一定距离为宜;货垛的间距、走道的宽度、货垛与墙面、梁柱的距离等,都要合理、适度。垛距一般为 0.5~0.8m,主要通道为 2.5~4m。

3)整齐

货垛应按一定的规格、尺寸叠放,排列整齐、规范。商品包装标识应一律向外,便于查找。

4)定量

商品储存量不应超过仓储定额,即应储存在仓库的有效面积、地坪承压能力和可用高度允许的范围内。同时,应尽量采用"五五化"堆码方法,便于计数和盘点。

5)节约

堆垛时应注意节省空间位置,适当、合理地安排货位的使用,提高仓容利用率。

3. 物品堆码方式

要根据商品的品种、性质、包装、体积、重量等情况,同时还要依照仓库的具体储存要求和有利于商品库内管理来确定商品的堆码形式,做到科学合理。

1) 散堆法

散堆法是一种将无包装的散货直接堆成货港的货物存放方式。它特别适合于露天存放的没有包装的大宗货物,如煤炭、矿石、散粮等。这种堆码方式简便,便于采用现代化的大型机械设备,节约包装成本,提高仓容利用率,如图 3-3 所示。

图 3-3　散堆法

2) 垛堆法

对于有包装的货物和裸装的计件货物一般采取垛堆法。具体方式有重叠式、通风式、纵横交错式、压缝式、栽柱式、俯仰相间式等。货物堆垛方式的选择主要取决于货物本身的性质、形状、体积、包装等。一般情况下多平放(卧放),使重心降低,最大接触面向下,这样易于堆码,货垛稳定牢固。

(1) 重叠式。重叠式又称宜叠式,货物逐件、逐层向上整齐地码放。这种方式稳定性较差,易倒垛。这种方式一般适合袋装、箱装、平板式的货物,如图 3-4 所示。

(2) 通风式。采用通风式堆垛时,每件相邻的货物之间都留有空隙,以便通风防潮、散湿散热。这种方式一般适合箱装、桶装以及裸装货物,如图 3-5 所示。

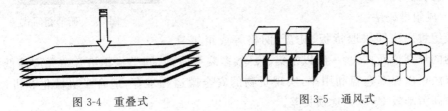

图 3-4　重叠式　　　　　　　图 3-5　通风式

(3) 纵横交错式。纵横交错式即每层货物都改变方向向上堆放。采用这种方式码货定性较好,但操作不便,一般适合管材、扣装、长箱装货物,如图 3-6 所示。

图 3-6　纵横交错式

(4) 压缝式。压缝式即上一层货物跨压在下一层两件货物之间。如果每层货物都不改变方式,则形成梯形形状。如果每层都改变方向,则类似于纵横交错式。

(5) 栽柱式。码放货物前在货垛两侧栽上木桩或钢棒,形成 U 形货架,然后将货物平放在桩柱之间,码了几层后用铁丝将相对两边的桩柱拴连,再往上摆放货物。这种方式一般适合棒材、管材等长条形货物,如图 3-8 所示。

图 3-7 压缝式

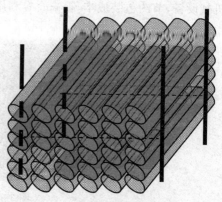

图 3-8 栽柱式

(6) 俯仰相间式。对上下两面有大小差别或凹凸的货物,如槽钢、钢轨、箩筐等,将货物仰放一层,再反一面俯放一层,仰俯相间相扣。采用这种方式码货,货垛较为稳定,但操作不便,如图 3-9 所示。

3) 货架法

货架法即直接使用通用或专用的货架进行货物堆码。这种方法适用于存放不宜堆高,需要特殊保管的小件、高值、包装脆弱或易损的货物,如小百货、小五金、医药品等。

4) 成组堆码法

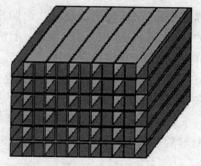

图 3-9 俯仰相间式

成组堆码法即采取货板、托盘、网格等成组工具使货物的堆存单元扩大,一般以密集、稳固、多装为原则,同类货物组合单元应高低一致。这种方法可以提高仓容利用率,实现货物的安全搬运和堆存,适合半机械化和机械化作业。提高劳动效率,减少货损货差。

5) 对某些特殊要求货物的堆码

(1) 需要经常通风的货物堆码时,可在每件或每层的前、后、左、右留出一定的空隙,码成通风垛,以散发货物的温度或水分,如潮湿的木板等。

(2) 堆码怕压的货物,应根据货物承压力的大小,适当控制垛的高度。为了充分利用库容,最好利用架子摆放。

(3) 容易渗漏的货物堆码时,为了便于检查,货垛不宜过大,适宜排列成行,行与行之间留出适当空隙,如油漆及桶装化工产品等。

(4) 危险品(指易燃、易爆及爆炸物等)储放场所应干燥、阴凉、通风、库内电器、照明等设备要采用防爆装置,并设有安全消防设施。堆码不宜过高。

(5) 毒害品（氰化钾、氰化钠等）都应单独存放，严密保存。切忌与酸类相遇，储放场所也必须干燥、阴凉、通风。堆码不宜过高。

(6) 腐蚀品（各类酸、碱等）应单独存放。避免露天存放，适宜在干燥、阴凉、通风场所，堆码不宜过高。要经常检查，防止渗漏、腐蚀，切忌水浸。

4. 货垛的规范要求

1）货垛的"五距"

货垛的规范要求主要是指"五距"，即垛距、墙距、柱距、顶距和灯距。叠垛时，不能倚墙、靠柱、碰顶、贴灯；不能紧挨旁边的货垛，必须留有一定的间距，如图3-10所示。

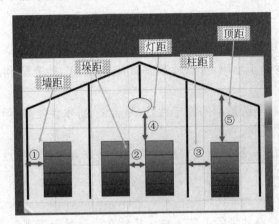

图3-10 五距

(1) 垛距。货垛与货垛之间的必要距离，称为垛距，常以支道作为垛距。垛距能方便存取作业，起通风、散热的作用，方便消防工作。库房一般为 0.5～1.0m，货场一般不少于 1.5m。

(2) 墙距。为了防止库房墙壁和货场围墙上的潮气对货物的影响，也为了开窗通风、消防工作、建筑安全、收发作业，货垛必须留有墙距。墙距分为库房墙距和货场墙距，其中，库房墙距又分为内墙距和外墙距。内墙是指墙外还有建筑物相连，因而潮气相对少些；外墙则是指墙外没有建筑物相连，所以墙上的湿度相对大些。库房的外墙距为 0.3～0.5m；内墙距为 0.1～0.2m，货场只有外墙距，一般为 0.8～3.0m。

(3) 柱距。为了防止库房柱子的潮气影响货物，也为了保护仓库建筑物的安全，必须留有柱距，一般为 0.1～0.3m。

(4) 顶距。货垛堆放的最大高度与库房、货棚屋顶间的距离，称为顶距。顶距能便于搬运作业，能通风散热，有利于消防工作、有利于收发、查点。顶距的一般规定是平库房为 0.2～0.5m；人字形库房以屋架下弦底为货垛的可堆高度；多层库房的底层与中层为 0.2～0.5m，顶层须大于等于 0.5m。

(5) 灯距。货垛与照明灯之间的必要距离，称为灯距。为了确保储存货物的安全，防止照明灯发出的热量引起靠近货物的燃烧而发生火灾，货垛必须留有灯距。灯距严格规定不少于 0.5m。

2）货垛的形状

垛形是指仓库场地码放的货物外部轮廓形状。按垛底的平面形状可分为矩形、正方形、三角形、圆形等,如图 3-11 所示。按货垛的立面形状可分为矩形、正方形、三角形、梯形、半圆形,还可以组成矩形—三角形、矩形—梯形等复合形状。

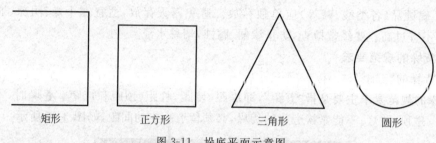

矩形　　　　正方形　　　　三角形　　　　圆形

图 3-11　垛底平面示意图

各种不同的立面货垛的特点如下。

矩形垛、正方形垛易于堆码,盘点计数方便、库容整齐,能充分利用仓库空间,但稳定性较差。

梯形垛、三角形垛、半圆形垛的稳定性好、易苫盖、排水性能好,但不易堆码,不便于计数,不能充分利用仓库空间。

矩形—三角形、矩形—梯形等复合形状货垛恰好兼有两者的优点,多用于露天存货的堆垛。

(二) 物品苫垫

苫垫是指对堆码成垛的货物上苫下垫。货物在堆码时为了避免货物受到日光、雨水、冰雪、潮气、风露的损害,必须妥善放置苫垫。只有这样才能使货物避免受潮、淋雨、暴晒等,保证储存养护货物的质量。

1. 货物垫垛

垫垛就是在货物堆垛前,根据货垛的形状、底面积大小、货物保管养护的需要、负载重量等要求,使用合适的衬垫材料进行铺垫,如图 3-12 所示。

图 3-12　垫垛

1) 垫垛目的

垫垛是为了使货垛底部货物与地面隔离并垫高,可隔离地面潮湿,便于通风,避免潮气侵入货物而受损,使垛底通风透气,提高储存货物的保管养护质量,是仓储保管作业中不可缺少的一个环节。

2) 垫垛材料

通常采用水泥墩、条石、枕木、模板、垫架等垫高材料和苇席、防潮纸、塑料薄膜等垫隔材料,根据不同的储存条件,货物的不同要求,采用不同的垫垛材料。

3) 垫垛方法

常用的垫垛方法主要有以下三种。

(1) 码架式。

码架式是即采用若干个码架,拼成所需货垛底面积的大小和形状,以备堆垛。码架,是用垫木为脚,上面钉着木条或木板的构架,专门用于垫垛。码架规格不一,常见的有长 2m、宽 1m、高 0.2m 或 0.1m。不同储存条件,所需码架的高度不同。楼上库房使用的码架,高度一般为 0.1m;平库房使用的码架,高度一般为 0.2m;货棚、货场使用的码架高度一般在 0.3~0.5m。

(2) 垫木式。

垫木式是采用规格相同的若干根枕木或垫石,按货位的大小、形状排列,作为垛垫。枕木和垫石一般都是长方体的,其宽和高相等,约为 0.2m,枕木较长约 2m,而垫石较短约 0.3m。这种垫垛方法最大的优点是,拼拆方便,不用时节省储存空间。适用于底层库房及货棚、货场垫垛。

(3) 防潮纸式。

防潮纸式即在垛底铺上一张防潮纸作为垛垫。常用芦席、油毡、塑料薄膜等防潮纸,适用于地面干燥的库房,同时储存的货物对通风要求又不高时,可在垛底垫一层防潮纸防潮。

此外,若采用货架存货,或采用自动化立体仓库的高层货架存货,则货垛下面可以不用垫垛。

4) 垫垛的基本要求

(1) 所使用的衬垫物与拟存物品不会发生不良影响,并具有足够的抗压强度。

(2) 地面要平整坚实、衬垫物要摆放平整,并保持同一方向。

(3) 衬垫物间距适当,直接接触物品的衬垫面积与货垛底面积相同,衬垫物不伸出货垛外。

(4) 要有足够的高度,露天堆场要达到 0.3~0.5m,库房内 0.2m 即可。

2. 货物苫盖

1) 苫盖目的

苫盖为了防止货物直接受到风吹、雨淋、日晒、冰冻的侵蚀,存放在露天货场的货物一般都需苫盖。因此货物在堆垛时必须堆成易苫盖的垛形,如屋脊形、方形等,并选择适当的苫盖物。对于某些不怕风吹、雨淋、日晒的货物,如果货场排水性能又好,可以不进行苫盖,如生铁、石块等。

2) 苫盖材料

通常使用的苫盖材料有塑料布、席子、油毡纸、苫布等,也可以利用一些货物的旧包装材料改制成苫盖材料。若货垛需苫盖较长时间,一般可用二层席子,中间夹一层油毡纸作为苫盖材料,这样既通风透气,又可防雨雪、日晒;若货垛只需临时苫盖,可用苫布。为了节省苫盖成本,还可以制成适当规格通用型的苫瓦,方便实用,可以反复利用,如图 3-13 所示。

图 3-13　货垛苫盖

3)苫盖方法

常用的苫盖方法主要有以下三种。

(1)就垛苫盖法。

就垛苫盖法是直接将大面积苫盖材料覆盖在货垛上遮盖,适用于屋脊形货垛、方形货垛及大件包装货物的苫盖,一般采用大面积的帆布、油布、塑料膜等。就垛苫盖法操作便利,但基本不具有通风条件,如图 3-14 所示。

(2)鱼鳞苫盖法。

鱼鳞苫盖法即用席子、苫布等苫盖材料,自下而上、层层压茬围盖的一种苫盖方法,因从外形看酷似鱼鳞,故称鱼鳞苫盖法,如图 3-15 所示。适用于怕雨淋、日晒的货物,面积较小的席、瓦等材料苫盖。若货物还需要通风透气的储存条件,可将席子、苫布等苫盖材料的下端反卷起来,使空气流通。鱼鳞苫盖法具有较好的通风条件,但每件苫盖材料都需要固定,操作比较烦琐复杂。

图 3-14　就垛苫盖法

图 3-15　鱼鳞苫盖法

(3)活动棚架苫盖法。

活动棚架苫盖法是将苫盖物料制作成一定形状的棚架,棚架下还装有滑轮可以推动,在货物堆垛完毕后,移动棚架到货垛遮盖,或者采用即时安装活动棚架的方式苫盖。活动棚架需要时可以拼搭,并放置在货架上,用作苫盖,不需要时,则可以拆除,节省空间,较为快捷,具有良好的通风条件。但活动棚本身需要占用仓库位置,成本较高,如图3-14所示。

4) 苫盖的基本要求

苫盖的目的是为了给货物遮阳、避雨、挡风、防尘。

(1) 选择合适的苫盖材料。

选用符合防火、无害的安全苫盖材料;苫盖材料不会与货物发生不利影响;且成本低廉,不宜损坏,能重复利用;没有破损和腐烂。

(2) 苫盖牢固。

每张苫盖材料都需要牢固固定,必要时在苫盖物外用绳索、绳网绑扎或者采用重物镇压,确保刮风揭不开。

(3) 苫盖的接口要有一定深度的相互叠盖,不能迎风叠口或留空隙;苫盖必须拉挺、平整,不得有折叠和凹陷,以防积水。

(4) 苫盖的底部与垫垛平齐,不腾空或拖地,并牢固地绑扎外侧或地面的绳桩上,衬垫材料不露出垛外,以防雨水顺延渗入垛内。

(5) 使用旧的苫盖物或雨水丰沛季节时,垛顶或者封口需要加层苫盖,确保雨淋不透。

二、物品的养护作业

物品养护是指物品在储存过程中所进行的保养和维护。从广义上说,物品从离开生产领域而未进入消费领域之前这段时间的保养与维护工作,都称为物品养护。

物品养护的基本任务就是面向库存物品,根据库存数量多少、发生质量变化速度、危害程度、季节变化,按轻重缓急分别研究制定相应的技术措施,使货物质量不变,以求最大限度地避免和减少物品损失,降低保管损耗。

(一) 物品特性的养护

1. 具有自然特性的物品

1) 易吸潮物品

易吸潮物品是指空气湿度的改变,能引起物品含水量、化学成分、外形或体态结构发生变化,大部分物资都怕潮湿,如金属及其制品会锈蚀,仪器会失灵,水泥受潮后硬化而失效。

2) 易吸味物品

一些会相互串味的物品,绝不能混存于同一个库房或同一个货区,必须采用分区分类的方法,分开来存放,如茶叶和化妆品,香水和香烟等。

3) 易吸尘物品

毛皮、毛料服装可与固体精萘(白色易挥发晶体,有温和芳香气味,主要用于制造染料、皮革和木材保护剂等)同储于一个库区,能防虫、杀虫。

4) 扬尘性物品

干燥粮食的麸壳、粉碎的粮食粉末以及煤炭等在流动和作业时会扬尘,危害人的呼吸系统。

5) 受热易变形物品

如橡胶及其制品、塑料制品等,温度过高会发黏老化变质;另外,石膏、硫酸铜、纸张和木材等,在高温下会逐渐失去水分而引起外形和性质的变化并造成重量损失。

6) 自行发热性物品

新收获的粮食籽粒呼吸旺盛,在新陈代谢过程中会释放出大量的水汽与热量,出现粮温升高和水分增加的现象,并促进粮堆中有害生物的滋长,促使储粮自身发生劣变。

2. 具有危险性的物品

1) 爆炸品

这类物品具有猛烈的爆炸性。当受到高热摩擦、撞击、震动等外来因素的作用或其他性能相抵触的物质接触,就会发生剧烈的化学反应,产生大量的气体和高热,引起爆炸。爆炸性物质如储存量大,爆炸时威力更大。这类物质有三硝基甲苯(TNT)、苦味酸、硝酸铵、叠氮化物、雷酸盐、乙炔银及其他超过三个硝基的有机化合物等。

2) 氧化剂

氧化剂具有强烈的氧化性,按其不同的性质遇酸、碱、受潮、高温或与易燃物、有机物、还原剂等性质有抵触的物质混存能发生分解,引起燃烧和爆炸。对这类物质可以分为一级无机氧化剂、一级有机氧化剂、二级无机氧化剂、二级有机氧化剂。

3) 压缩气体和液化气体

气体压缩后储于耐压钢瓶内,都具有危险性。钢瓶如果在太阳下暴晒或受热,当瓶内压力升高至大于容器耐压限度时,即能引起爆炸。钢瓶内气体按性质分为四类:剧毒气体,如液氯、液氨等;易燃气体,如乙炔、氢气等;助燃气体,如氧等;不燃气体,如氮、氩、氦等。

4) 自燃物品

自燃物品暴露在空气中,依靠自身的分解、氧化产生热量,使其温度升高到自燃点即能发生燃烧,如白磷等。

5) 遇水燃烧物品

这类物品遇水或在潮湿空气中能迅速分解,产生高热,并释放出易燃易爆气体,引起燃烧爆炸,如金属钾、钠、电石等。

6) 易燃液体

易燃液体极易挥发成气体,遇明火即燃烧。可燃液体以闪点作为评定液体火灾危险性的主要根据,闪点越低,危险性越大。闪点在45℃以下的称为易燃液体,45℃以上的称为可燃液体(可燃液体不纳入危险品管理)。易燃液体根据其危险程度分为两极。

(1) 一级易燃液体闪点在28℃以下(包括28℃),如乙醚、石油醚、汽油、甲醇、乙醇、苯、甲苯、乙酸乙酯、丙酮、二硫化碳、硝基苯等。

(2) 二级易燃液体闪点在29~45℃(包括45℃),如煤油等。

7) 易燃固体

这类物品着火点低,如受热、遇火星、受撞击、摩擦或氧化剂作用等能引起急剧的燃烧或爆炸,同时放出大量毒害气体,如赤磷、硫黄、萘、硝化纤维素等。

8) 毒害品

这类物品具有强烈的毒害性,少量进入人体或接触皮肤即能造成中毒甚至死亡。毒品分为剧毒品和有毒品。凡生物实验半数致死量(LD50)在 50mg/kg 以下者均称为剧毒品。如氰化物、三氧化二砷(砒霜)、二氧化汞、硫。有的腐蚀物品有双重性和多重性。如苯酚,既有腐蚀性,也有毒性和燃烧性。

腐蚀物品有硫酸、盐酸、硝酸、氢氟酸、氟酸、冰乙酸、甲酸、氢氧化钠、氢氧化钾、氨水、甲醛、液溴等。

9) 放射性物品

这类物品具有放射性,人体受到过量照射或吸入放射性粉尘能引起放射病,如硝酸钍及放射性矿物独居石等。

3. 非金属材料

非金属材料通常是指水泥、玻璃等材料,一般无金属光泽,是电和热的不良导体。

1) 木材的保管

木材根据树种、材种、保管要求和保管条件的不同,可因地制宜采用干存法、湿存法、补存法等不同的保管方法。

干存法是将木材存放在库房、料棚或露天场地,利用自然通风,使木材的含水量降低到 20% 以下,以防止菌类侵害。为防止木材两端开裂,可以在断面上涂上防裂材料。硬杂木的制材、车辆用板材等应存入库房,不宜让木材干得太快,以免开裂。

湿存法是将木材放在荫湿的场地,使木材保持高度的含水率,应保留树皮作为保护层,堆成紧密的大垛,并定期喷水,保存时间不能太长,夏季最长不超过 40 天,冬季最长不超过 100 天。

2) 玻璃的保管

在玻璃的保管中,应按照玻璃的不同种类、规格、等级分别存放在干燥通风的库房,不得露天存放,不得与潮湿或有挥发性的物品(水泥、石灰、盐、酸、碱、油脂、酒精等)放在一起。应立放,严禁平放,不得重压或碰撞。在保管中如发生霉变,可用棉布蘸煤油擦除,再用干布擦干。遇水后要尽快擦干,如果两块玻璃粘在了一起,可浸入水中分开。

3) 水泥的保管

水泥一般以直观验收为主,重点在包装和密封进行认真检查,以防在运输途中因受潮而硬化结块。在保管中应注意以下几点。

(1) 应按生产、品种、批号、标号分别堆垛,严禁混存。

(2) 必须保存在干燥的库房内,避免漏雨渗水。

(3) 袋装水泥是堆垛高度一般以 10 袋为宜,一车一堆,垛堆距离墙壁不少于 50cm。

(4) 露天存放时要严格注意防潮、防雨。

4) 汽油的保管

汽油容易燃烧,但一般不会自燃,保管时要注意以下几点。

(1) 尽可能用油罐储存,最好是地下的,以减少蒸发损失。
(2) 桶装汽油损耗太大,变质较快,应先进先出,露天存放汽油不要超过半年。
(3) 汽油蒸发的气体与空气混合易燃,甚至会引起爆炸,储存时要严格防火防爆。
(4) 装油时,输油管要浸入油面以下或接近底部,以减少油料的冲击和与空气的摩擦。
(5) 装卸或运输油料时,不要在油管出口安装纤维过滤袋,也不要在汽油中擦洗纤维织物。
(6) 用于输送、储存汽油的管道、油罐、装卸设备都必须有良好的接地装置,接地电阻应大于10Ω。
(7) 运输用的油罐汽车必须有接地铁链条。

5) 沥青的保管

沥青是一种复杂的化合物,在20℃时为黏性液体,具有一定的弹性和塑性,容易着火,不溶于水。保管时要注意以下几点。

(1) 沥青是易燃品,存放时要断绝火源,保管作业时要穿戴防护用具,以免中毒。防护用具主要包括衣服、帽子、鞋、口罩、眼镜、手套等。
(2) 不能将不同规格、品种混存在料棚内,注意防止沙土、杂质和水混入。避免日晒、雨淋导致的变质。

6) 防水卷材的保管

防水卷材是以植物、矿物或动物纤维制品,浸渍沥青所制成的防水建筑材料。在储存时一定要立放,严禁挤压,垛堆高度不要超过两层,库温在40℃以下,避免日光直射,注意通风和防潮,远离易燃易爆品。

7) 润滑油的保管

保管润滑油时要注意以下几点。

(1) 必须按品牌、种类分别存放,并做明显标志,最好在油库保管。
(2) 保管器皿清洁密封,要远离电源。
(3) 取油工具要干净,不允许有沙砾杂质混入。
(4) 不能用木制的容器储存。
(5) 坚持先进先出,储存时间不要过长,以免氧化变质。

8) 电石的保管

电石应包装放在密封的铁桶内,打开或损坏的电石桶不要放在库房内。仓库要保持干燥、通风良好。库温保持在30℃以下,相对湿度在80%以下,进出货时必须在库外进行,在安全地点放气,人员要在上风处。电石桶破损不要电焊,可以用环氧树脂修补。储存时间不要超过6～12个月。如果失火,只能用干粉或二氧化碳灭火器,严禁使用泡沫灭火器。

9) 橡胶板的保管

保管时可平放,也可卷起来立放,保持通风和清洁,库温在-15～35℃,相对湿度在50%～80%。远离矿物油、硫化物质。可撒些滑石粉避免黏结。

10) 涂料的保管

涂料涂覆在物体表面,干结成膜后,使物体表面与外界无氧隔开,防止腐蚀变形,起到保护和装饰的作用。涂料在保管时要注意以下几点。

（1）涂料一般含有可燃或易燃物，在保管中特别要注意防火、防毒。库温在－15～32℃，相对湿度在50%～80%。防止日光直射。

（2）注意防潮，垛高不要超过2m。标志向外，不可倒放。

（3）涂料挥发的气体对人体有害，要注意库房的通风。

（4）调和漆最好隔月翻倒一次，防止沉淀黏结造成损失。

（二）仓库温湿度的控制技术

1. 仓库温度、湿度的含义

温度和湿度是影响物品质量变化的重要因素。物品在储存保管期间都要有一个适宜的温湿度。

仓库里平常指的温度有几种：库房外叫气温；库房内叫库温；储存物品的温度叫垛温。如表3-8所示是食品的保存温度标准。

表3-8 食品的保存温度标准

温度（℃）	物品类型
5～10	蔬菜、水果、奶类加工食品、火腿、香肠
－5～5	生食用鱼贝类、牛奶、鸡蛋、生鲜肉
≤－15	冷冻肉类、冷冻食品、浓缩果汁、冰激凌

空气湿度是指空气中水蒸气含量多少的程度。一般以绝对湿度、相对湿度和饱和湿度来表示。在判断仓库是否应该通风时应用绝对湿度，相对湿度的大小在很大程度上决定水分蒸发的快慢，因此物品的吸湿受潮时间的长短，金属生锈的快慢由相对湿度决定。在仓库的湿度管理中，检查库房的湿度大小，主要就是观测相对湿度的大小。

三种湿度表示的方法可以通过以下公式计算：

$$相对湿度 = \frac{绝对湿度}{饱和湿度} \times 100\%$$

引起金属生锈的相对湿度的范围，称为金属生锈的临界湿度，铁的临界湿度为65%～70%，钢的临界湿度为70%～80%。因此不管采取什么防潮措施，都应使库房内的相对湿度降低到金属的临界湿度以下。

如表3-9所示是部分物品对温湿度的储存要求。

表3-9 物品的温湿度要求

商品	温度（℃）	相对湿度（%RH）	商品	温度（℃）	相对湿度（%RH）	商品	温度（℃）	相对湿度（%RH）
搪瓷制品	≤35	≤80	卷烟	≤25	55～70	毛皮制品	≤30	≤75
竹木制品	≤30	60～75	食糖	≤30	≤70	皮革制品	≤30	≤75
纸制品	≤35	≤75	棉织品	≤35	≤75	人造革制品	－10～25	≤75
鱼肉罐头	－5～25	≤75	毛织品	≤30	≤75	金属制品	≤35	≤75
青菜罐头	0～25	≤75	丝织品	≤35	≤75	干电池	－10～25	≤75
糖水罐头	－5～15	≤75	麻织品	≤35	≤75	洗衣粉	≤25	≤75

续表

商品	温度(℃)	相对湿度(%RH)	商品	温度(℃)	相对湿度(%RH)	商品	温度(℃)	相对湿度(%RH)
炼乳罐头	-5~15	≤75	涤纶织品	≤35	≤80	肥皂	≤25	60~80
白酒	≤30	≤75	腈纶织品	≤35	≤80	化妆品	≤30	60~80
果酒	-5~20	≤75	毛皮	≤30	≤75	香水	≤20	70~85

2. 仓库温度、湿度的控制和调节方法

要观测和掌握温湿度的变化，就要在库内外适当的地点设置必要的温湿度仪器，并建立管理制度。库内一般将仪器悬挂在库房的中央，库外应放在百叶箱内，而且要坐南朝北，离地面2m以上。

控制和调节库房温湿度的一般方法有通风、密封、吸潮等。

1) 通风

通风是根据空气自然流动规律，有计划地组织库内外的空气交换，以达到库内温湿度所要求的范围。为达到通风的目的和避免不合理的通风给储存物品带来不利影响，通风除湿应注意以下几点。

(1) 应尽量在晴天进行，风力不要超过5级，库外温度高于库内温度一般不能超过3℃。

(2) 必须注意储存物品本身的温湿度和空气温湿度变化的关系。避免造成通风中物品表面结露。

(3) 通风时要不断观察通风效果和天气的变化，另外，在大风、雾天、雨雪天应尽量不要通风。

2) 密封

密封是采用一定的方法，将储存物品尽可能严密地封闭起来，以防止和减弱外界空气对物品的影响。密封与通风和吸潮结合起来，可以达到防霉、防潮、防锈、防虫的作用。

仓库常用的密封方法有以下几种。

(1) 货架密封：将货架用塑料薄膜等密封起来，防止外界空气的影响和结尘。适于出入频繁，怕潮易锈、易霉的小件物品。

(2) 货垛密封：用油毡等密封材料，将货垛上下和四周封闭起来。适于露天货场和仓库内一些要求保管条件高的物品。

(3) 库内小室密封：在仓库内选择适当的地方，用密闭的材料围成临时的密封小屋，以保管一些贵重、怕潮的物品。

(4) 整库密封：将库房全部密封起来。对储量大、整进整出的物品可采用此方法。

上述方法可以单独使用，也可以结合使用。注意物品密封后要加强管理，定期检查，观察和记录密封内的温湿度情况。

3) 吸潮

用吸湿剂或除湿机去湿是降低仓库内空气湿度的有效方法。吸湿剂去潮是仓库常用的方法。一般有生石灰、氯化钙、硅胶、木炭、炉灰等，几种主要的吸湿剂性质和使用方法如下。

(1) 生石灰：即氧化钙。吸湿性较强，速度较快。使用时捣成小块，放在小木箱中，不要装满，以免膨化后溢出，最好在吸湿后还没有变成粉末前换掉，生石灰不要直接接触保管物品。

(2) 氯化钙：是一种白色多孔的颗粒固体，吸湿效果显著。有无水(含水 3%)和有水(含水 23%)两种。氯化钙吸湿到饱和状态后融化为液体，为方便使用，常用吸湿车来使用吸湿。吸湿后的溶液加热后仍可使用。

(3) 硅胶：又叫矽酸，是一种白色多孔的颗粒固体，性能与氯化钙基本相同，但颗粒小一些，也可反复使用。

(三) 霉变和虫害的防治技术

1. 霉变的防治技术

1) 霉变

霉菌是一种微生物，如果环境适宜，生长繁殖速度惊人，它对橡胶制品、纤维制品的危害很大。而虫害不仅侵害仓库的物资，还会对仓库本身造成损坏。

库存物资并不是在什么条件下都会发生霉变，水分是微生物繁殖的必要条件。工作中，我们经常把相对湿度 75% 称为物质霉变的临界湿度，低于 75% 时，多数物资不会霉变。温度是微生物生长的另一个重要条件。微生物在 10℃ 以下不易生存，40℃ 以上停止活动，80℃ 时多数微生物死亡，在 25~35℃ 时生长最好。日光对多数微生物影响也很大，日光直射 1~4h，大部分会死亡。

2) 防止霉变的技术

(1) 仓库管理。

物资入库要严格检查有无霉变现象，入库后容易霉变的物资分库存放，注意通风，降温防湿，把相对湿度控制在 75% 以下。

(2) 用药剂防范霉变。

把抑制和杀灭微生物的化学药剂放洒在容易霉变的物资上，主要药剂有五氯酚钠、水杨酰苯胺、多聚甲醛等。

(3) 气体防霉。

改变空气成分，用二氧化碳或氮气密封包装和密封库房内，物品上的霉菌就失去了生存的条件。

(4) 低温防霉。

低温防霉一般具有良好的效果，主要因为低温能够减低生物体内酶的活性。但是不同的物品对温度的要求不同，如鲜鸡蛋最好在 -1℃ 条件下保管；果蔬的温度要求在 0~10℃ 之间；鱼、肉物品采用速冻方法，在 -16~-28℃ 之间时可以保存较长时间。

(5) 物品霉变的救治。

霉变后如果早期发现是可以救治的，主要采用的方法有晾晒、高温烘烤、药剂熏蒸、紫外线杀菌等。

2. 虫害的防治技术

仓库保管员需要掌握仓库内害虫的来源、特性、种类与危害方式。常见害虫感染途径及预防方法,如表 3-10 所示。

表 3-10 常见害虫感染途径及预防方法

感染途径	途径说明	预防方法	防治方法
货物内潜伏	货物入库前已有害虫潜伏其中	做好入库前的检疫工作,确保入库货物不携带害虫及虫卵	可以使用趋避剂、杀虫剂、熏蒸剂等药物对货物直接进行杀灭害虫;不能直接在货物上使用药剂的采用高低温杀虫,缺氧以及辐射防治等
包装内隐藏	仓库包装内藏有害虫	对重复利用的包装物进行定期消毒	使用趋避剂、杀虫剂、熏蒸剂等药物对包装进行消毒
运输工具感染	运输工具装运过带有害虫的货物,害虫潜伏其中感染其他商品	注意运输工具的消毒	使用趋避剂、杀虫剂、熏蒸剂等药物对车厢进行消毒
仓库内隐藏	害虫长期潜伏在仓库建筑的缝隙及其各种器具中	做好库房内外环境的清洁工作	对库房定期进行消毒
邻垛间相互感染	当某一货垛感染了害虫,害虫可能爬到邻近的货垛	对已经感染了害虫的货垛及时隔离	对感染害虫的货垛使用趋避剂、杀虫剂、熏蒸剂等药物进行消毒

三、在库物品的盘点

盘点是为确定仓储内或其他场所内的库存材料、半成品或成品的实际数量,而对其库存量加以清点,这一工作能够帮助管理人员掌握实际库存量,明确损耗并加以改善,加强库存管理和物料控制。

(一)盘点准备

1. 盘点人员编组

盘点工作之前,根据盘点类别、盘点范围确定盘点人员。盘点类别从时间上划分为定期盘点和临时盘点;从工作需要上划分为全面盘点和部分盘点。仓库盘点范围主要是指存货,包括原材料、半成品、在制品、产成品、包装物、低值易耗品等清查盘点。

仓库盘点人员的确定是选定总盘人、主盘人、会点人、协点人以及监点人。总盘人负责盘点工作的总指挥,督导盘点工作的进行及异常事项的裁决。主盘人负责实际盘点工作实施。会点人由财务部门指派专人担任,负责数量点计。协点人由经营部门人员担任,负责盘点材料物品的搬运及整理工作。监点人由单位负责人派人担任,负责盘点过程的抽查监督。选定人员后编制盘点人员编组表,报领导审批后实施。

2. 盘点工具准备

盘点时如果采用盘点机盘点,需检查盘点机是否正常运行。如果采用人工方式盘点,需要准备盘存单、盘点表、红色和蓝色圆珠笔等工具。

(二)盘点程序和方法

由盘点负责人确定盘点程序,盘点程序主要有仓库盘点的准备、仓库物资的清理、仓库盘点作业实施、盘点差异分析以及盘点事后处理等工作程序。盘点方法大致有如下两类。

1. 定期盘点法

定期盘点法是选择固定时间,将所有物资加以全面盘点。定期盘点法根据企业的情况不同来确定,一般是每半年或一年进行一次。定期盘点法因采用的盘点工具不同,有三种方法:一是盘点单盘点法;二是盘点签盘点法;三是货架签盘点法。盘点单盘点法是以货物盘点单汇总记录盘点结果的方法。盘点签盘点法是特别设计一种盘点签,盘点后贴在实物上,经复盘人复核后撕下。货架签盘点法是以原有货架的标签作为盘点记录工具,不必设计专门盘点标签,盘点计数人员盘点完毕后将盘点数量写在货卡上。

2. 循环盘点法

循环盘点法是将物资逐区、逐类、分批、分期、分库连续盘点。循环盘点法可细分为三种类型:一是分区轮盘法;二是分批分堆盘点法;三是最低存量盘点法。分区轮盘法是由盘点专业人员将仓库分为若干区,依序盘点货物存量,一定日期后周而复始。分批分堆盘点法是准备一张发料记录放置于透明塑料胶带内,拴在某批收料包装上。一旦发料,立即在记录签上记录并将领料单副本存在透明塑料胶带内。

盘点时对未动用的包装件不做盘点,承认其存量毫无差误。将动用的存量进行盘点。最低存量盘点法是指当库存货物达到最低存量或订购点,即通知盘点专业人员清点仓库。盘点后开出对账单,以便核查误差。

(三) 清理盘点现场

盘点之前仓库物资的清理工作主要包括对所保管的物资进行整理,最好按照5S活动中的整理、整顿来进行,做到货垛、货架整齐有序,对尚未办理入库手续、不在盘点之列的货物予以标明。对已经办理出库手续的物资要全部搬出;对损失变质的物资加以标记以示区别;对已认定为呆滞物资的要单独设库,单独保管,单独盘点。

(四) 盘点作业实施

仓库盘点作业实施首先从实物盘点开始。盘点实物可分库、分区、分类、分组进行,责任到个人。常见的方法是对实物进行点数、过磅或检尺,以确定实际储存的数量。

对实物盘点后,将初盘的结果填入盘存单,并由初盘人签字确认;复盘人对实物进行核对盘点后,将实际盘点数量填入盘存单,在表上签字确认后结束点数作业。仓库盘点作业实施的流程如下。

(1) 设置盘点工作办公室。盘点工作办公室一般由总盘人负责,具体的工作由主盘人执行。办公室主要负责盘点表发放,盘点工具准备,核实盘点表是否符合规定以及协调盘点相关事宜。

(2) 人员报到明确任务,领取盘点单。参加盘点人员前往办公室签字报到,明确本次盘点的任务和完成时间,领取盘点资料和工具。

(3) 盘点进行。发完盘点资料和工具,盘点人对仓库商品按照盘点方法和程序进行实物点数,并做记录。

(4) 监盘人抽点。监盘人对盘点的品项进行检查,检查有问题的必须重新盘点。

(5) 回收盘点单。所有完成的盘点单,经过盘点人员审核,完成所有手续后,汇总到盘点办公室。

(五) 填写盘点表

盘点人填写盘点表时,应注意以下事项。

(1) 填表人员拿起盘点表后,应注意是否重复。
(2) 填表人员和盘点人员分别在表上签字。
(3) 盘点时,应先核对货架编号。
(4) 填表人员应复诵盘点人员所念的各项物资名称及数量。
(5) 对于预先填表错误更正重新写在下一行即可,同样应在"审核"栏写"更正第×行"。
(6) 对于写错需更正的行次,必须用直尺划去,并在"审核"栏写"更正第×行",然后请监盘人在更正的行次签名即可。

(六) 盘点差异分析

实际盘点结果与账面结果相核对,若发现账物不一致,则积极查明账物差异的原因。差异的原因追查可从以下事项着手。

(1) 是否因记账员素质不高,致使货品数目不正确。
(2) 是否因料账处理制度的不完善,致使货品数目不正确。
(3) 是否因盘点制度的不完善导致货账不符。
(4) 盘点所得的数据与账簿的资料差异是否在容许误差内。
(5) 盘点人员是否尽责,或盘点人员事先培训工作不充分造成错误的现象。
(6) 是否产生漏盘、重盘、错盘等情况。
(7) 盘点的差异是否可事先预防,是否可以降低料账差异的程度。

(七) 盘点盈亏汇总表

盘点表全部收回,并加以汇总,计算盘点结果做出盘点盈亏汇总表,报表中应计算出盘亏、盘盈数量,找出差异原因,并提出改善建议。

(八) 调整库存盈亏

经盘点后,发现账载错误,如漏记、记错、算错、未结账或账记不清,有关人员要按照财务规章进行处理。盘点盈亏汇总表报相关领导审批后的意见,财务和仓储部门根据审批意见进行库存盈亏调整。

第三节 出库作业

货物出库是库存保管工作的最后阶段,把货物及时、准确地发送到客户手中是仓储配送中心工作的最终任务。为了做到这一点,出库的货物应按入库的时间安排好出库顺序,对有保管期限的货物,应在限期内发出,货物出库凭证必须符合要求,确保出库工作迅速、顺利地进行。

物资出库是仓储业务过程的最后阶段。仓储配送中心根据购销业务部门开出的物资出库凭证,按其所列物资编号、名称、规格、型号和数量等项目进行核对、组织发货等一系列工作就是物资出库业务。

一、物资出库的基本要求

1. 严格贯彻"先进先出,推陈出新"的原则

根据物资入库时间的先后,先入库的物资先出库,以确保物资储存的质量。易霉易腐、机能退化、老化的物资先出,接近失效期的物资和变质失效的物资不准出库。

2. 出库凭证和手续必须符合要求

虽然出库凭证的格式不尽相同,但不论采用何种格式记录都必须真实、有效。否则,不得擅自发货。特殊情况发货必须符合仓储配送中心的有关规定。

3. 严格遵守仓储配送中心有关出库的各项规章制度

(1) 物资出库必须遵守各项规章制度,按章办事。发出物资必须与提货单、领料单或调拨通知单上所列的名称、规格、型号、单价和数量相符合。

(2) 未验收的物资以及有问题的物资不得发放出库。

(3) 物资入库检验与出库检验的方法应保持一致,以避免人为的库存盈亏。

4. 提高服务品质,满足用户需要

物资出库要求做到及时、准确、保值、保量,防止差错事故的发生。工作尽量一次完成,提高作业效率。为用户提货创造各种方便条件,协助用户解决实际问题。

5. 贯彻"三不""三核""五检查"的原则

(1) "三不",即未接单据不翻账、未经审单不备货、未经复核不出库。

(2) "三核",即在发货时,要核实凭证、核对账卡、核对实物。

(3) "五检查",即对单据和实物要进行品名检查、规格检查、包装检查、件数检查、重量检查。

二、出库作业程序

为了使货物出库迅速,加快物流速度,仓库在货物出库前应安排好出库的时间和批次。同时做好出库场地、机械设备、装卸工具及人员的安排。

为了使仓储活动的管理实现良性循环,出库作业程序如图 3-17 所示。

图 3-17 出库作业程序

小贴士

出库方式的种类

仓库的出库方式通常有以下四种形式。

(1) 送货制,即根据客服部门开具的提货单或调拨单,用自有的或运输部门的运输工具把商品运送到提货单位。

> (2) 取货制,即由提货单位持存货单位开具的提货凭证,到仓库自行提货。
> (3) 过户制,即仓库根据商品购销凭证从保管账户上由一个单位划给另一个单位,而商品不出库。
> (4) 移库制,即不经过商品购销活动,商品从甲仓库转到乙仓库储存。货物在办理移库手续时,也需根据业务部门开制的商品移库单进行发货。
> 不管是哪一种出库方式,都应按出库程序做好管理工作。

(一)分拣

分拣就是在接受订单的商业活动中,将顾客的订购品从仓库储位中选出,并进行相应的出库业务。由于仓储配送中心客户订单中至少包含一项以上的商品,如何将这些不同种类数量的商品由仓库中取出集中在一起,就是分拣作业的内容。

分拣作业的目的在于正确且迅速地集合客户所订购的商品。在物流中心内部所涵盖的作业范围里,分拣作业是其中十分重要的一环,其所扮演的角色相当于人体内的心脏或空调系统中的压缩机,而其动力的产生来自客户的订单。

1. 分拣形式选择

摘果式拣选是针对每一份客户订单要求,进行单独拣选,拣货人员或设备巡回于各个货物储位,将所需的货物取出,形似摘果。

播种式拣选又称商品汇总分播,是把多个客户的要货需求集合成一批,先把其中每种商品的数量分别汇总,再逐个品种对所有客户进行分货,形似播种。

两种拣货方式的优缺点及适用范围见表 3-11。

表 3-11 摘果式拣选与播种式拣选的优缺点及适用范围

拣货方式	优 点	缺 点	适 用 范 围
摘果式	作业方法简单;订单处理前置时间短;拣货后不必再进行分拣作业	拣货行走路线过长,拣货路径重复高,耗时长,效率低,差错率高	用户共同需求小,需求差异大;用户对配送时间有明确的要求且要求不一;用户需求种类比较多
播种式	缩短拣取时的行走搬运距离;提高单位时间的拣货量;节约人力	作业前置时间长;对订单无法做出及时处理;增加分货作业	用户共同需求大,需求差异小;用户需求种类比较少;用户对配送时间没有明确要求

2. 分拣作业过程

从实际运作过程来看,分拣作业是在拣货信息的指导下,通过行走和搬运拣取货物,再按一定的方式将货物分类、集中。因此,分拣作业的主要过程包括以下四个环节。

1) 产生拣货信息

拣货作业必须在拣货信息的指导下才能完成,拣货信息来源于访销员取得顾客的订单或配送中心的送货单。因此,有些配送中心直接利用访销员的访销订单作为人工拣货指示,但这种信息传递方式无法准确标示所拣货物的储位,使拣货人员延长寻找货物的时间和拣货行走路径。

目前,多数配送中心一般先将订单等原始信息经系统处理后,转换成"拣货单"或电子拣货信号,指导拣货人员或自动拣取设备进行拣货作业,以提高作业效率。

2) 行走搬运

行走搬运是分拣作业人员或机器设备直接接触并拿取和移动货物的过程。实现形式主要有三种。

(1) 人员通过步行或搭乘运载工具到达货物储位。

(2) 货物随自动化货架到达人员面前。

(3) 无人参与的自动分拣系统中,完全由机械自动完成。

3) 拣货

拣货是按照拣选信息的指示抓取货物并确认的过程。拣货是分拣作业的核心。根据货物体积、重量、出货频率等不同,分为手动、机械辅助及自动化设备等实现形式。

4) 分类或集中

在批量拣选时,分类或集中是为了衔接出货装运作业而进行的再加工,在实际中也有人力分货、机械辅助和自动分货机等实现形式。

小贴士

不同角度看分拣

从成本分析的角度来看,物流成本约占商品最终成本的30%,其中包括配送、搬运、存储等成本项目。一般而言,分拣成本约是其他堆叠、装卸等成本总和的9倍,占物流搬运成本的绝大部分。因此,若要降低物流搬运成本,从分拣作业上着手改进,可达到事半功倍之效。

从人力需求的角度来看,目前我国大多数的物流中心仍属于劳动力密集型产业,其中与分拣作业直接相关的人力占50%以上,且分拣作业的时间投入也占整个物流中心的30%~40%。由此可见,规划合理的分拣作业方法,对于日后物流中心的运作效率具有决定性的作用。

(二) 核单备货

仓库发放货物必须有正式的出库凭证。物流保管人员接到发货通知后,经过仔细核单,检查无误后方可按照出库凭证上的要求进行分拣备货。为防止差错,备好货物后必须再度与出库凭证核对出库货物的名称、型号、规格、数量、包装等,以防止错发、漏发和重发等事故的发生,确保出库的准确性。

出库物品应附有质量证明书或副本、磅码单、装箱单等,机电设备、电子产品等物品,其说明书及合格证应随货同付。备料时应本着"先进先出、推陈出新"的原则,易霉易坏的先出,接近失效期的先出。

备货过程中,凡计重货物,一般以入库验收时标明的重量为准,不再重新计重。需分割或拆捆的应根据情况进行。

> **小贴士**
>
> 如属自提物品,首先要审核提货凭证的合法性和真实性;其次要核对品名、型号、规格、单价、数量、收货单位、有效期等。

(三) 复核

为了保证出库物品不出差错,备货后应进行复核。出库的复核形式主要有专职复核、交叉复核和环环复核三种。除此之外,在发货作业的各道环节上,都贯穿着复核工作。例如,理货员核对单货,守护员(门卫)凭票放行,账务员(保管会计)核对账单(票)等。这些分散的复核形式,起到分头把关的作用,都十分有助于提高仓库发货业务的工作质量。

复核的内容包括品名、型号、规格、数量是否同出库单一致;配套是否齐全;技术证件是否齐全;外观质量和包装是否完好。只有加强出库的复核工作,才能防止错发、漏发和重发等事故的发生。

(四) 包装

出库物品的包装必须完整、牢固,标记必须正确清楚,如有破损、潮湿、捆扎松散等不能保障运输中安全的,应加固整理,破包破箱不得出库。各类包装容器上若有水渍、油迹、污损,也均不能出库。

出库物品如需托运,包装必须符合运输部门的要求,选用适宜包装材料,其重量和尺寸,便于装卸和搬运,以保证货物在途的安全。

包装是仓库生产过程中的一个组成部分。包装时,严禁相互影响或性能相互抵融的物品混合包装。包装后,要写明收货单位、到站、发货号、本批总件数、发货单位等。

(五) 点交

货物复核无误后即可出库。发货时应把货物直接点交给提货人,办清交接手续。车辆到库装载待运货物时,理货员要亲自在现场监督装载全过程,要按地区到站逐批装车,防止错装、漏装,对于实际装车件数,必须与随车人员一起点交清楚,由接收人签章,以划清责任。再将送货通知单和随货同行单证交付随车人员一起送达车站码头。

(六) 登账

点交后,保管员应在出库单上填写实发数、发货日期等内容并签名,同时,并将出库单连同有关证件资料及时交给货主,以便货主办理货款结算。

(七) 清理

经过出库的一系列工作程序之后,实物、账目和库存档案等都发生了变化。应按下列几项工作彻底清理,使保管工作重新趋于账、物、资金相符的状态。

(1) 按出库单,核对结存数。

(2) 如果该批货物全部出库,应查实损耗数量,在规定损耗范围内进行核销,超过损耗范围的查明原因,进行处理。

(3) 一批货物全部出库后,可根据该批货物入出库的情况,采用的保管方法和损耗数量,总结保管经验。

(4) 清理现场,收集苫垫材料,妥善保管,以待再用。

在整个出库业务程序过程中,复核和点交是两个最为关键的环节。复核是防止差错的重要和必不可少的措施,而点交则是划清仓库和提货方两者责任的必要手段。

> **小贴士**
>
> **货物发出后的问题处理**
>
> 代运货物发出后,收货单位提出数量不符时,属于重量短少而包装完好且件数不缺的,应由仓库保管机构负责处理;属于件数短少的,应由运输机构负责处理。若发出的货物品种、规格、型号不符,由保管机构负责处理。若发出的货物损坏,应根据承运人出具的证明,分别由保管及运输机构处理。

三、出库中发生问题的处理

出库过程中出现的问题是多方面的,应分别对待处理。

(一) 出库凭证(提货单)上的问题

(1) 凡出库凭证超过提货期限,用户前来提货,必须先办理手续,按规定缴足逾期仓储保管费,然后方可发货。任何非正式凭证都不能作为发货凭证。提货时,用户发现规格开错,保管员不得自行调换规格发货。

(2) 凡发现出库凭证有疑点,以及出库凭证发现有假冒、复制、涂改等情况时,应及时与仓库保卫部门以及出具出库单的单位或部门联系,妥善处理。

(3) 商品进库未验收,或者期货未进库的出库凭证,一般暂缓发货,并通知货主,待货到并验收后再发货,提货期顺延。

(4) 如客户因各种原因将出库凭证遗失,客户应及时与仓库发货员和账务人员联系挂失;如果挂失时货已被提走,保管人员不承担责任,但要协助货主单位找回商品;如果货还没有提走,经保管人员和账务人员查实后,做好挂失登记,将原凭证作废,缓期发货。

(二) 提货数与实存数不符

若出现提货数量与商品实存数不符的情况,一般是实存数小于提货数。造成这种问题的原因主要有以下四个。

(1) 商品入库时,由于验收问题,增大了实收商品的签收数量,从而造成账面数大于实存数。

(2) 仓库保管人员和发货人员在以前的发货过程中因错发、串发等差错而形成实际商品库存量小于账面数。

(3) 货主单位没有及时核减开出的提货数,造成库存账面数大于实际储存数,从而开出的提货单提货数量过大。

(4) 仓储过程中造成了货物的毁损。

当遇到提货数量大于实际商品库存数量时,无论是何种原因造成的,都需要和仓库主管部门以及货主单位及时取得联系后再做处理。

（三）串发货和错发货

所谓串发货和错发货，主要是指发货人员由于对物品种类规格不是很熟悉，或者由于工作中的疏漏把错误规格、数量的物品发出库的情况。

如果物品尚未离库，应立即组织人力，重新发货。如果物品已经离开仓库，保管人员应及时向主管部门和货主通报串发货和错发货的品名、规格、数量、提货单位等情况，会同货主单位和运输单位共同协商解决。一般在无直接经济损失的情况下由货主单位重新按实际发货数冲单（票）解决。如果形成直接经济损失，应按赔偿损失单据冲转调整保管账。

（四）包装破漏

包装破漏是指在发货过程中，因物品外包装破损引起的渗漏等问题。这类问题主要是在储存过程中因堆垛挤压，发货装卸操作不慎等情况引起的，发货时都应经过整理或更换包装，方可出库，否则造成的损失应由仓储部门承担。

（五）漏记账和错记账

漏记账是指在出库作业中，由于没有及时核销明细账而造成账面数量大于或少于实存数的现象。错记账是指在商品出库后核销明细账时没有按实际发货出库的商品名称、数量等登记，从而造成账实不相符的情况。

无论是漏记账还是错记账，一经发现，除及时向有关领导如实汇报情况外，同时还应根据原出库凭证查明原因调整保管账，使之与实际库存保持一致。如果由于漏记账和错记账给货主单位、运输单位和仓储部门造成了损失，应予赔偿，同时应追究相关人员的责任。

四、退货处理

退货作业属于逆向物流。作业对象包含来自客户的包装物、不合格品和可回收利用的物质。退货作业可以简单概括为从客户手中回收用过的、过时的或者损坏的商品和包装开始，直至最终处理环节的过程。在配送实务中，返品就是仓储配送中心按订单或合同将货物发出后，由于某种原因，客户退回仓库的货物。

可以说，退货处理是对产品和货物的完整、有效和高效的利用过程的协调。

（一）退货原因

客户的退货原因主要有以下四种。

（1）供应商在促销期间的代销货物，在促销期结束后未出售的货物可退给供应商。

（2）货物过期或破损无法继续销售。

（3）货物存在质量问题无法销售。

（4）客户订货过量，短期销售不出去。

（二）退货处理流程

仓储配送中心对于客户的退货处理流程如下。

（1）退货部根据退货清单清点客户退货数量，出现实际数量与退货单上的退货数量出现差异时以实际数量为准。

（2）在系统中确认所有退货，将客户退货库存转到不可用库存。

(3) 对客户订货过量,短期销售不出去的退货可由退货库存调整成可用库存继续销售,将未出售的代销品退货重新包装准备退给供应商。

(4) 对因质量问题的退货由质量控制主管查看、检验、定性。如属于采购合同中质量问题范畴之列的情况,质量部将定性为质量问题,货物继续放在退货区,质量部通知供应商提取退货。如不属于质量问题,质量部如认为可以继续销售,则退给客户继续销售;反之,则视同为无法继续销售的退货。

(5) 货物过期或破损无法继续销售的退货按照采购部与供应商签订的退货条款操作。可以退货的货物继续留在退货区等待供应商退货,不可退货的货物则由不可用库存转移到报废状态,并由退货部集中销毁。

(6) 直接退货给供应商。退货部将可以退货的货物按货物种类归类,制作出每周退货计划表并交给采购部,由采购部通知供应商退货。在供应商提取退货时,退货部在系统中确认退货后,系统冲减应付。

> **小贴士**
>
> **补货作业**
>
> 补货是将存货位的货物补充到拣货位供拣货,补货组是拣货部下的一个小组。补货作业首先是产生补货指令,接到指令后才开始补货。
>
> **1. 补货指令产生的方式**
>
> 1) 自动补货
>
> 自动补货是系统自动产生补货命令。每种单品的拣货位都会设置一个补货提示量,如果库存低于这个量,则补货命令自动产生。
>
> 2) 主管指令
>
> 主管根据拣货情况,在库存未达到提示量前就主动在系统中下达补货命令。
>
> 3) 拣货员指令
>
> 当拣货员拣货时发现货量不足时引发补货命令。
>
> **2. 补货的过程**
>
> 叉车工接到补货指示后,按提示将存货位的货物补充到待补货位进行补货,补货完毕进行确认。

本章小结

1. 入库作业流程及影响入库作业的因素,并以入库作业流程各环节为核心展开阐述相关知识点。具体包括入库前准备工作、货物接收、验收作业、办理交接手续、入库上架等。

2. 货物的在库作业是由保管、养护、盘点等几个环节构成。物品保管的原则是质量第一原则;科学合理原则;效率原则;预防为主原则。具体包括物品的堆码、物品苫垫,物品的养护作业,涉及仓库温湿度的控制、霉变和虫害的防治,在库物品的盘点,盘点准备。

3. 物资出库是仓储业务过程的最后阶段。仓储配送中心根据购销业务部门开出的物资出库凭证,按其所列物资编号、名称、规格、型号和数量等项目进行核对、组织发货等一系列工作就是物资出库业务。具体包括分拣、核单备货、复核、包装、点交、登账、清理、退货处理等环节。

实训一　仓库理货作业

1. 工作目标

通过模拟仓库企业真实环境,让学生充当理货员进行实习,使学生学会仓库理货作业流程,懂得仓库理货作业操作,掌握仓库理货单证缮制、审核。

2. 工作准备

(1) 了解仓库理货作业采购、物流、仓储等相关知识。

(2) 准备理货道具货物 51 箱,规格为 1200mm×1000mm 的托盘 10 个;相关的理货单证,如残损单、理货单、出库货物交接单等。

(3) 将全班学生分成若干组,每组设理货员 5 名。

(4) 工作时间:4 学时。

(5) 工作环境:仓库实训室、机房等资源配合。

3. 工作任务

现有一批包装规格为 500mm×400mm×300mm 的货物共 51 箱要入仓库,其中有 1 个包装有损毁,该包装内装有 5 个货物,需要拆装后,将 5 个货物重新包装后把货物拣选出来,放置在出货区等待出货。要求理货员做以下工作。

(1) 在货物入库前,仓库理货员为其办理接收手续。包括核对货物的名称、品种、数量、规格、等级、型号以及重量等。

(2) 制作残损单。

(3) 利用学习过的托盘货物堆积模型,将 50 箱货物堆码在制定区域的托盘上。

(4) 制作理货清单。

(5) 将破损的包装拆装后,掏出 5 个货物,重新包装后将货物拣选出来,放置在出货区出货。

实训二　物品组托作业

1. 工作目标

(1) 培养托盘规格的识别能力和托盘码放方式的设计。

(2) 培养包装物规格的准确、快速的判定能力。

(3) 具备最大限度地提高托盘利用率的能力。

2. 工作准备

(1) 了解组托、组托方式与方法的相关知识,了解托盘与叉车、货架的配合使用有关规定与要求。

(2) 作业要素。

1	场地	30~50m², 地面平坦, 视野开阔
2	托盘	1000mm×1200mm, 1~2个 1000mm×1000mm, 1~2个 800mm×1000mm, 1~2个 1100mm×1100mm, 1~2个 非标托盘, 3个
3	物品	根据各自学校的实训条件, 选择5种包装规格、物品名称、型号、数量
4	其他材料	拉伸膜、手动包装材料、劳动保护工具等

3. 工作任务

（1）作业任务单。

任务单编号	01
物品名称	×××
物品数量	30箱
包装物规格	395mm×295mm×275mm
托盘规格	1000mm×1200mm×160mm
货位规格	2300mm×900mm×1230mm 双货位
堆码方法	纵横交错式
要求	奇偶层缝合理, 货物包装物边缘不允许超出托盘边缘20mm 货位载荷满足货物承重要求

任务单编号	02
物品名称	×××
物品数量	45箱
包装物规格	460mm×260mm×230mm
托盘规格	1000mm×1200mm×160mm
货位规格	2300mm×900mm×1230mm 双货位
堆码方法	纵横交错式
要求	奇偶层缝合理, 货物包装物边缘不允许超出托盘边缘20mm 货位载荷满足货物承重要求

任务单编号	03
物品名称	×××
物品数量	50箱
包装物规格	455mm×245mm×200mm
托盘规格	1000mm×1200mm×160mm
货位规格	2300mm×900mm×1230mm 双货位
堆码方法	纵横交错式
要求	奇偶层缝合理, 货物包装物边缘不允许超出托盘边缘20mm 货位载荷满足货物承重要求

(2) 准确判断商品包装物的规格。
(3) 正确判断标准托盘和非标准托盘,并选择指定的托盘。
(4) 根据包装物的规格和托盘规格之间的比例关系,做到码放合理、整齐牢固、利用率高。
(5) 组托时要考虑货位、托盘、货物等因素的影响。

阅读案例

义乌市联托运开发总公司是一家集义乌全市所有联托运线点开发、经营和管理于一体的综合性企业。该公司对义乌市的所有省外线路的各个托运点只是拥有管理权而无所有权,也不拥有省外运输的车队,但其下属的联发快运则直接经营省内运输业务,并在浙江省内几乎每个县市都设有货物收发点,实现定点、定时收发货物。

联发快运通过自己的运输力量可以在不超过两天的时间内,在浙江省内任何两个县市之间完成货物送达。而发往省外的货物则需要通过义乌中转,交由设在义乌的直达全国 300 多个城市的托运点完成全程运输。因此,联发快运在义乌总部设有中转仓,以实现不同运输线路之间的货物中转分拨。

由于货物在中转仓的停留时间短(通常只有几个小时),因此基本上没有正式的库存管理和库内管理(如比较正式的盘点、移仓作业)。仓库也是采用两端通透型类似于越库区的设计,没有进行细致的库位划分。由于在义乌承接货物、跑国内长途的货车都是平板车等非集装箱类车型。通常不采用托盘作为基本物流单元。也基本上不用叉车,而是以人工搬运为主。在质量管理上,有规范化的操作规程,但都是粗线条的,不够灵活和细致。

(资料来源:中国物流与采购联合会网站)

思考题:
(1) 该公司的中转仓的管理问题有哪些?
(2) 如何从入库、在库与出库环节改进管理,提升仓储管理效率?

思 考 练 习

(1) 简述入库作业流程。
(2) 如何进行仓库温湿度的控制?
(3) 苫盖有哪些要求?
(4) 简述退货的原因与处理流程。

第四章

库存控制

【知识目标】

(1) 掌握库存控制的功能与合理化库存的标志。

(2) 掌握安全库存的含义。

(3) 掌握 ABC 分类法的基本程序及其库存控制策略。

【技能目标】

(1) 能够熟练计算安全库存量的核算。

(2) 能够运用 ABC 分类法对库存进行分析。

(3) 能够运用订货点、经济订购批量对库存物品进行合理控制。

【引导案例】

家乐福的库存计划模式

在库存商品的管理模式上,家乐福实行品类管理,优化商品结构。一个商品进入之后,会有 POS 机实时收集库存、销售等数据进行统一的汇总和分析,根据汇总和分析的结果对库存的商品进行分类。然后,根据不同的商品分类拟订相应适合的库存计划模式,对于各类型的不同商品,根据分类制定不同的订货公式的参数。根据安全库存量的方法,当可得到的仓库存储水平下降到确定的安全库存量或以下的时候,该系统就会启动自动订货程序。

从家乐福获得的启示如下。

1. 运用 ABC 分类法对物料分类管理

运用 ABC 分类法对所有物料进行分类。家乐福根据流量大、移动快速,流量适中以及流量低、转移速度慢三种情况把物料分为 A、B 和 C 三类。这就有助于管理部门为每一个分类的品种确立集中的存货战略。

2. 根据品类管理制订不同的库存计划模式

存货的管理模式有安全存量法、定期订货法、定量订货法、供应商管理库存法、看板法(Just-In-Time)等。在同一个企业中,同时可以存在两种甚至两种以上的库存计划模式,这取决于物料的类型和企业的管理制度。

(资料来源:根据企业内部相关材料自编)

引例分析

库存是处于储存状态的商品物资,是储存的表现形态。库存是仓储的最基本的功能,除了进行商品储存保管外,它还具有整合需求和供给,维持物流系统中各项活动顺畅进行的功能。所以作为家乐福这样的商业企业,做好库存控制是物流仓储管理的重要内容,直接决定了仓储费用的高低,对于企业具有战略的地位。

第一节 库存与库存控制

一、库存的类型

企业为了能及时满足客户的订货需求,就必须经常保持一定数量的商品库存。配送中心为了维持配送的顺利进行就必须预先储存一定数量的商品来满足订货需求。

企业存货不足,会造成供货不及时、供应链断裂,丧失市场占有率或交易机会;整体社会存货不足,会造成物资匮乏、供不应求。而商品库存需要一定的维持费用,同时存在由于商品积压和损坏而产生的库存风险。因此,在库存管理中既要保持合理的库存数量,防止缺货和库存不足,又要避免库存过量,发生不必要的库存费用。

按照企业库存管理目的的不同,库存可分为以下几种类型。

(一) 经常库存

经常库存也称周转库存,是指为满足客户日常的需求而建立的库存。经常库存的目的是为了衔接供需,缓冲供需之间在时间上的矛盾,保障供需双方的经营活动都能顺利进行。这种库存的补充是按照一定的数量界限或时间间隔反复进行的。

(二) 安全库存

安全库存是指为了防止由于不确定因素(如突发性大量订货或供应商延期交货)影响订货需求而准备的缓冲库存。根据资料显示,这种缓冲库存约占零售业库存的1/3。

(三) 加工库存和运输过程库存

加工库存是指处于流通加工或等待加工而处于暂时储存状态的商品。运输过程的库存是指处于运输状态(在途)或为了运输目的(待运)而暂时处于储存状态的商品。

(四) 季节性库存

季节性库存是指为了满足特定季节中出现的特定需求而建立的库存,或指对季节性生产的商品在出产的季节大量收储所建立的库存。

（五）促销库存

促销库存是指为了应付企业促销活动产生的预期销售增加而建立的库存。

（六）时间效用库存

时间效用库存是指为了避免商品价格上涨造成损失，或为了从商品价格上涨中获利而建立的库存。

（七）沉淀库存或积压库存

沉淀库存或积压库存是指因商品品质变坏或损坏，或者是因没有市场而滞销的商品库存，还包括超额储存的库存。

二、库存控制的功能

在现实经济生活中，商品的流通并不是始终处于运动状态的，作为储存的表现形态的库存是商品流通的暂时停滞，是商品运输的必需条件。库存在商品流通过程中有其内在的功能。

（一）具有调节供需矛盾与消除生产与消费之间时间差的功能

不同的商品，其生产和消费情况是各不相同的。有些商品的生产时间相对集中，而消费则是均衡的；有些商品生产是均衡的，而消费则是不均衡的。比如，粮食作物集中在秋季收获，但粮食的消费在一年之中是均衡消费的；清凉饮料和啤酒等产品一年四季都在生产，但其消费在夏季相对比较集中。这表明生产与消费之间、供给与需求两方面，在一定程度上存在时间上的差别。

为了维护正常的生产秩序和消费秩序，尽可能地消除供求之间、生产与消费之间这种时间上的不协调性，库存起到了调节作用，它能够很好地平衡供求关系、生产与消费关系，起到缓冲供需矛盾的作用。

（二）具有创造商品的"时间效用"功能

所谓"时间效用"就是同一种商品在不同的时间销售（消费），可以获得不同的经济效益（支出），为了避免商品价格上涨造成损失或为了从商品价格上涨中获利而建立的投机库存恰恰满足了库存的"时间效用"功能。但也应该看到，在增加投机库存的同时，也占用了大量的资金和库存维持费用。但只要从经济核算角度评价其合理性，库存的"时间效用"功能就能显示出来。

（三）具有降低物流成本的功能

对于企业而言，保持合理的原材料和产品库存，可以消耗或避免因上游供应商原材料供应不及时而需要进行紧急订货而增加的物流成本，也可以消除或避免下游销售商由于销售波动进行临时订货而增加的物流成本。

库存是企业的一种资产。它也同其他资产一样，追求投资的最优化。库存过多会造成积压，增加企业不必要的储存成本；库存过少又会造成停产、脱销，影响企业的正常生产经营，因此，企业既不应该库存投资过多，又不应该库存投资过少，而应保持最优值。

> **小贴士**
>
> **库存控制的原则**
> - 获得良好的经济效益。
> - 保障经营所需的物资的完整性。
> - 保证库存货物的安全性。
> - 保证库存货物的时效性。

三、库存控制的合理化

（一）影响库存控制的因素

库存控制是受许多环境条件制约的，库存控制系统内部也存在"交替损益"现象，这些制约因素可以影响控制效果，乃至决定控制的成败。主要制约因素如下。

1. 需求的不确定性

在许多因素影响下，需求可能是不确定的，如突发的热销造成的需求突增等会使控制受到制约。

2. 订货周期

由于订单传递方式或其他自然的、人为的因素使订货周期不确定，会制约库存控制。

3. 运输

运输的不稳定性和不确定性必然会制约库存控制。

4. 资金

资金的暂缺、资金周转不灵等会使预想的控制方法落空，因而也是一个制约因素。

5. 管理水平

管理水平达不到控制的要求，则必然使控制无法实现。

6. 价格和成本的制约

（二）库存合理化的标志

库存合理化是用最经济的办法实现库存的功能。合理库存的实质是，在保证库存功能实现前提下的尽量少的投入，也是一个投入产出的关系问题。

库存合理化的主要标志包括以下几个方面。

1. 质量标志

保证被储存物的质量是完成库存功能的基本要求，只有这样，商品的使用价值才能通过物流之后得以最终实现。在库存中增加了多少时间价值或是得到了多少利润，都是以保证质量为前提的。所以，库存合理化的主要标志中，为首的应当是反映使用价值的质量。

现代物流系统已经拥有很有效的维护物资质量、保证物资价值的技术手段和管理手段。许多企业也正在探索物流系统的全面质量管理问题，即通过物流过程的控制，通过工作来保证储存物的质量。

2. 数量标志

在保证库存功能实现前提下要有一个合理的数量范围。目前,管理科学的方法已能在各约束条件的情况下,对库存合理数量范围做出决策。

3. 时间标志

在保证库存功能实现前提下寻求一个合理的储存时间,这是和数量有关的问题,库存量越大而消耗速率越慢,则储存的时间必然长;相反则必然短。在具体衡量时往往用周转速度指标来反映时间标志,如周转天数、周转次数等。

在总时间一定的前提下,个别被储物的储存时间也能反映库存合理程度。如果少量被储物长期储存,成了呆滞物或储存期过长,虽反映不到总周转指标中,也说明库存管理存在不合理。

4. 结构标志

结构标志是从被储物不同品种、不同规格、不同花色的储存数量的比例关系对库存合理与否的判断。尤其是相关性很强的各种物品之间的比例关系更能反映库存合理与否,由于物品之间相关性很强,只要有一种物品出现耗尽,即使其他物品仍有一定数量,也会无法投入使用。所以,不合理的结构影响面并不仅局限在某一种库存物品上,而是有扩展性的,结构标志的重要性也可由此确定。

5. 分布标志

分布标志是指不同地区库存数量的比例关系,以此判断和当地需求比,对需求的保障程度,也可以此判断对整个物流的影响。

6. 费用标志

仓租费、维护费、保管费、损失费、资金占用利息支出等,都能从实际费用上判断储存的合理与否。

第二节 安 全 库 存

一、安全库存的含义

(一)安全库存的概念

安全库存也称安全存储量,又称保险库存,是指为了防止由于不确定性因素(如大量突发性订货、交货期突然延期、临时用量增加、交货误期等特殊原因)影响订货需求而准备的缓冲库存。

安全库存用于满足提前期需求,企业保持安全库存是为了防止在生产或销售过程中可能产生的原材料未能及时到位或销售超过预期量而出现的停工待料或缺货脱销等意外情况的出现。

(二)安全库存的必要性

安全库存用来补偿在补充供应的前置时间内实际需求量超过期望需求量或实际订货提前期超过期望订货提前期所产生的需求。中转仓库和零售业备有安全库存是为了在用户的需求率不规律或不可预测的情况下,有能力满足他们的需求。

工厂成品库持有安全库存是为了零售和中转仓库的需求量超过期望值时,有能力补充它们的库存。但所有的业务都面临着不确定性,这种不确定性来源各异。如果没有安全库存,当订货间隔期内的需求量超过其期望值,便会产生缺货现象。

1. 从需求或消费者一方来说

不确定性涉及消费者购买多少和什么时候进行购买。处理不确定性的一个习惯做法是预测需求,但从来都不能准确地预测出需求的大小。

2. 从供应方来说

不确定性是获取零售商或厂商的需要,以及完成订单所需要的时间。就交付的可靠性来说,不确定性可能来源于运输,还有其他原因也能产生不确定性。

(三) 安全库存的影响因素

1. 存货需求量、订货间隔期的变化以及交货延误期的长短

预期存货需求量变化越大,企业应保持的安全库存量也越大;同样,在其他因素相同的条件下,订货间隔期、订货提前期的不确定性越大,或预计订货间隔期越长,则存货的中断风险也越高,安全库存量也应越高。

2. 存货的短缺成本和储存成本

一般而言,存货短缺成本的发生概率或可能的发生额越高,企业需要保持的安全库存量就越大。增加安全库存量,尽管能减少存货短缺成本,但会给企业带来储存成本的额外负担。在理想条件下,可以通过模型计算得出最优的订货量和库存量,但在实际操作过程中,订货成本与储存成本反向变化,不确定性带来的风险问题一直没有得到有效地解决。

3. 厂商处理信息流和物流时产生的不良效应

厂商内部间的隔阂影响了信息的有效流通,信息的成批处理使得厂商内加速原理生效,需求信息经常被扭曲或延迟,从而引起采购人员和生产计划制订者的典型效应——前置时间或安全库存综合征。该效应继续加强,直到增加过量,相应的成本同时随之上升。同时过剩的生产能力不断蔓延至整条供应链,扭曲的需求数据开始引起第二种效应——存货削减综合征。

厂商不得不选择永久降低产品的销售价格,侵蚀企业的盈利。前一种效应引起过量的存货,后一种效应引起效益的削减。在市场成长期,两种效应的结合所带来的后果常被增长的需求所掩盖。因此,有必要合理控制安全库存问题。

安全库存的存在使公司的缺货费用降低,同时又使储存费用增加。因此,需要确定合理的安全库存量。

二、安全库存量的确定

安全库存对于企业满足一定的客户服务水平是非常重要的,在企业产品供应上起到缓冲的作用,企业往往根据自身的客户服务水平和库存成本的权衡设置安全库存水平。现有的各种安全库存量的计算方法都是以需求量、前置时间和缺货成本作为依据。经典计算公式如下:

$$安全库存 = (预计最大需求量 - 平均需求量) \times 采购提前期 \qquad (4-1)$$

如果用统计学的观点可以变更为

$$安全库存＝日平均需求量×一定服务水平下的提前期标准差 \quad (4-2)$$

可见,安全库存量的大小,主要由顾客服务水平(或订货满足率)来决定。所谓顾客服务水平,就是指对顾客需求情况的满足程度,计算公式表示如下:

$$顾客服务水平＝\frac{1-年缺货次数}{年订货次数} \quad (4-3)$$

顾客服务水平(或订货满足率)越高,说明缺货发生的情况越少,从而缺货成本就较小,但因增加了安全库存量,导致库存持有成本上升;而顾客服务水平较低,说明缺货发生的情况较多,缺货成本较高,安全库存量水平较低,库存持有成本较小。因而必须综合考虑顾客服务水平、缺货成本和库存持有成本三者之间的关系,最后确定一个合理的安全库存量。

下面介绍两种计算安全库存量的方法。

(一) 概率方法

利用概率标准来确定安全库存比较简单。假设在一定时期内需求是服从正态分布的,且只考虑需求量超过库存量的概率。为了求解一定时期内库存缺货的概率,可以简单地画出一条需求量的正态分布曲线,并在曲线上标明我们所拥有的库存量的位置。当需求量是连续的时候,常用正态分布来描述需求函数。

在库存管理中,只需关注平均水平之上的需求。也就是说,只有在需求量大于平均水平时,才需要设立安全库存。在平均值以下的需求很容易满足,这就需要设立一个界限以确定应满足多高的需求,如图 4-1 所示。

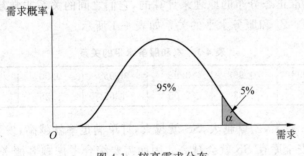

图 4-1 较高需求分布

例如,假设预计从下月开始平均每月需求量为 100 单位,标准差为 20 单位。如果某一月份需求量刚好为 100 单位(等于均值,而在正态分布中,均值所覆盖的面积为 50%),则缺货概率为 50%。我们知道一年有一半月份的需求量将超过 100 单位,另一半月份的需求量将少于 100 单位。更进一步说,如果每月一次订购 100 单位,且货物在月初收到,则从长期来看,这一年中将有 6 个月发生缺货。

安全库存的计算,一般需要借助于统计学方面的知识,对顾客需求量的变化和提前期的变化作一些基本的假设,从而在顾客需求发生变化、提前期发生变化以及两者同时发生变化的情况下,分别求出各自的安全库存量。即假设顾客的需求服从正态分布,通过设定的显著性水平来估算需求的最大值,从而确定合理的库存。

统计学中的显著性水平 α,在物流计划中叫作缺货率,与物流中的服务水平($1-\alpha$,订单满足率)是对应的,显著性水平=缺货率=1-服务水平。如统计学上的显著性水平一般取为 $\alpha=0.05$,即服务水平为 0.95,缺货率为 0.05。服务水平就是指对顾客需求情况的满足程度。

图 4-2 解释了统计学在物流计划中安全库存的计算原理。

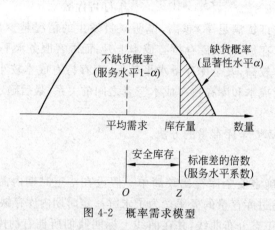

图 4-2 概率需求模型

从图 4-2 可以看出,库存=平均需求+安全库存,平均需求也叫周期库存,安全库存用 SS 来表示,那么有:

$$SS = Z_\alpha \sigma \tag{4-4}$$

Z_α 表示在显著性水平为 α,服务水平为 $1-\alpha$ 的情况下所对应的服务水平系数,它是基于统计学中的标准正态分布的原理来计算的,它们之间的关系非常复杂,但一般可以通过正态分布表查得。Z_α 和服务水平的关系如表 4-1 所示。

表 4-1 Z_α 和服务水平的关系

服务水平	0.9998	0.99	0.98	0.95	0.90	0.80	0.70
Z_α	3.05	2.33	2.05	1.65	1.28	0.84	0.54

服务水平 $1-\alpha$ 越大,Z_α 就越大,SS 就越大,订单满足率就越高,发生缺货的概率就越小,但需要设置的安全库存 SS 就会越高。因而需要综合考虑顾客服务水平、缺货成本和库存持有成本三者之间的关系,最后确定一个合理的库存。

如果觉得频繁的缺货难以接受,则应增加额外的库存以降低缺货风险。假设增加 20 单位的安全库存,在这种情况下,仍然是一次订购一个月的库存,且当库存量下降为 20 单位时,所订的货物就该入库。这样就建立了一个较小的安全库存,以缓冲缺货的风险。

如果需求量的标准差为 20 单位,则拥有了相当于标准差大小的安全库存,看标准正态分布表,求得概率为 0.8413(表中得到的是 0.3413,再加上 0.5)。所以大约有 84% 的时间将不会发生缺货情况,而 16% 的时间会发生缺货情况。现在如果每个月都订购,则大约有两个月会发生缺货(0.16×12=1.92)。

常用这个方法来建立不发生缺货的概率为 95% 的安全库存,其对应的标准正态偏差为 1.64 个标准。这意味着应当建立 1.64 标准差的安全库存,在这个例子中,安全库存为

33个单位(1.64×20＝32.8)。

那么在实际工作中的安全库存是这样运用的。

(1) 提前期LT与订货周期T为固定的情况下：

$$SS = Z_\alpha \sigma \sqrt{LT + T} \tag{4-5}$$

(2) 一般情况下,需求是变动的,而提前期LT也是变动的,假设需求D和提前期LT是相互独立的,则安全库存：

$$SS = Z_\alpha \sqrt{\sigma^2(LT + T) + \sigma_{LT+T}^2 \overline{D}^2} \tag{4-6}$$

式中：σ_{LT+T}^2——提前期的标准差；

$\overline{D}$——提前期内的平均周期需求量。

【例4-1】 商店的可乐日平均需求量为10箱,顾客的需求服从标准差为2箱/天的正态分布,提前期满足均值为6天、标准差为1.5天的正态分布,并且日需求量与提前期是相互独立的,试确定90%的顾客满意度下的安全库存量。

解：由题意可知：$\sigma=2$箱,$\sigma_{LT+T}=1.5$天,$\overline{D}=10$箱/天,$LT+T=6$,服务水平为0.90对应的$Z_\alpha=1.28$,代入上面的公式得：

$$SS = 1.28 \times \sqrt{4 \times 6 + 1.5^2 \times 100} = 20$$

即在满足90%的顾客满意度的情况下,安全库存量是20箱。

应该注意到,安全库存中统计的是过去的数据,以过去的数据预测将来是有风险的,另外,安全库存还会受到公司对于库存周转率指标的影响。事实上,安全库存与其说是统计计算的结果,还不如说,它是一个管理决策。这是库存管理人员必须牢记的原则。

(二)服务水平方法

在许多情况下,公司往往并不知道缺货成本到底有多大,甚至大致地加以估计也很困难。在这种情况下,往往是由管理者规定物品的服务水平,由此便可确定安全库存。下面介绍如何通过服务水平法确定安全库存量,使之满足规定的服务水平。

服务水平表示用存货满足用户需求的能力。如果用户是在需要的时候就得到他们所需的物品,则服务水平为100%,否则服务水平就低于100%,服务水平与缺货水平之和为100%。一般来说,保证需求随时都得到满足不但很困难,而且在经济上也不合理。可能不需要很多费用就可以把服务水平从80%提高到85%,但要把服务水平从90%提高到95%所需费用就要大得多。当服务水平接近100%时,安全库存投资通常会急剧地增长。由于企图完全消除缺货的费用很高,大多数公司都允许一定程度的缺货。

衡量服务水平有多种方式,如按满足需求的单位数、金额或订货次数来衡量。不存在一种服务水平的衡量方式适合于所有的库存物品。因而要具体情况具体分析,确定适合的衡量方式。常用的服务水平方法有以下四种。

(1) 按订购周期计算的服务水平。

(2) 按年计算的服务水平。

(3) 需求量服务水平系数。

(4) 作业日服务水平系数。

不同服务水平衡量方式下得出的订货点或安全库存量也不相同,选择何种衡量方式应由管理者根据经营目标决定。

按订货周期计算的服务水平表示在补充供应期(前置时间)内不缺货的概率。这种衡量方式不关心缺货量的大小,仅反映可能出现在订购周期内的缺货是多长时间发生一次。

$$按订购周期计算的服务水平 = 1 - \frac{有缺货的订购期数}{订购期总数} = 1 - P(M > R) \quad (4-7)$$

$$P(M > R) = P(S) = \frac{有缺货的订购期数}{订购期总数} = 1 - 按订购周期计算服务水平 \quad (4-8)$$

式中的 $P(M>R)$ 就是上面所提及的缺货概率,也就是前置时间需求量(M)会超过订货点(R)的概率。已知所允许的缺货概率后,根据前置时间需求量的概率分布,就可以确定安全库存,使之满足规定的服务水平。

当需求量服从正态分布时,由给定的服务水平确定缺货概率,然后查标准正态分布表确定需求量标准正态偏差 Z,用下式计算安全库存与订货点:

$$安全库存 = Z_a \sigma \quad (4-9)$$

式中:σ——标准差。

则

$$订货点 = 期望平均需求 + 安全库存 = E(M) + Z_a \sigma \quad (4-10)$$

三、降低安全库存

安全库存产生的根源是为缩短交货期、减少投机性的购买、规避风险、缓和季节变动与生产高峰的差距、实施零组件的通用化、营销管理缺失等,因此要降低安全库存,必须使订货时间尽量接近需求时间,订货量尽量接近需求量,同时让库存适量。

但是与此同时,由于意外情况发生而导致供应中断、生产中断的危险也随之加大,从而影响到为顾客服务的水平,除非有可能使需求的不确定性和供应的不确定性消除,或减到最小限度。至少有四种具体措施可以考虑使用。

(1) 改善需求预测。预测越准,意外需求发生的可能性就越小,还可以采取一些方法鼓励用户提前订货。

(2) 缩短订货周期与生产周期。周期越短,在该期间内发生意外的可能性也越小。

(3) 减少供应的不稳定性。其途径之一是让供应商知道你的生产计划,以便它们能够及早做出安排;另一种途径是改善现场管理,减少废品或返修品的数量,从而减少由于这种原因造成的不能按时按量供应;还有一种途径是加强设备的预防维修,以减少由于设备故障而引发的供应中断或延迟。

(4) 运用统计的手法通过对前 6 个月甚至前 1 年产品需求量的分析,求出标准差后(即得出上下浮动点)做出适量的库存。

四、库存控制的模型

库存控制的重点是对库存,但是对库存控制还没有统一的模型,而且每个企业都有自己特殊的存货管理要求,所以不同企业只能根据自己的具体情况,建立有关的模型,解决具体问题。库存管理模型应抓住补充—存货—供给这几个相互联系的过程。为了确定最佳库存的管理模型,需要掌握每日存货增减状态的情况和有关项目的内容。

建立模型时,采用以下步骤,如图 4-3 所示。

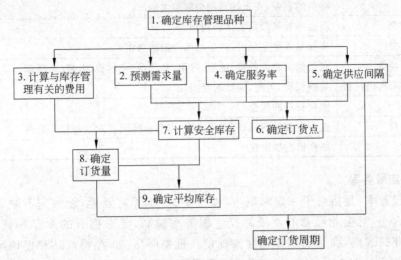

图 4-3　库存管理模型

1. 确定库存管理品种

无论是生产企业的仓库还是销售企业的仓库,若对全部的物品一视同仁,势必会造成顾此失彼的现象出现,因此,要对物品进行分类管理,即 ABC 分类法。

2. 预测需求量

预测需求量时,首先要选择预测方法。预测方法不是越复杂越好,它主要是用来提高重要品种物品的预测准确度,对其他种类物品要采用简单作业的方法。其次要确定预测期间。预测期间可以分为按年和按供应期间预测两种方式。

但是要注意,需求量变动小的品种,预测期间要加倍,才符合总成本的要求。预测值和实际值完全一致的情况很少,所以要考虑预测的误差值,以安全库存来保证。由于实际和模型之间存在一定差异,必须对模型进行修正。

3. 计算与库存管理有关的费用

在划分商品品种的基础上,计算各类商品库存管理费用分为两步:①掌握库存管理的所有费用;②对费用进行计算。

库存管理费用一般包括与订货有关的费用和保管有关的费用,如表 4-2 所示。

表 4-2　库存管理有关的费用

项　　目	内　　容
1 订货费用	由于订货次数不同,费用也不同,以每次订货所用的费用来表示
1.1 购入费	商品的进价,要掌握大量进货时折价的情况
1.2 事务费	与订货有关的通信费,工作时间的外勤费、运输费、入库费等都属于此项
2 保管费	根据库存量不同而发生变化的费用

续表

项　　目	内　　容
2.1 利息	库存占用资金要支付的利息;增大库存而支付的费用;企业对库存投资希望得到的利益;在上述费用中取最大的
2.2 保险金	防止库存风险而发生的费用
2.3 搬运费	库存量发生变化时产生的库内搬运费用
2.4 仓库经费	包括建筑物设备费、地租、房租、修理费、光热费、电费、水暖费
2.5 盘点货物损耗费	货物变质、丢失、损耗的费用
2.6 税金	库存资产的税金
3 库存调查费	进行需要量的调查、费用调查、库存标准调查发生的相关费用
4 缺货费	也称机会损失费

4. 确定服务率

所谓服务率,是指对于一定时期内,如一年、半年等需要量,能做到不缺货的比率。服务率的大小,对企业经营有重要意义。服务率越高,要求拥有的库存量就越多。必须根据企业的战略,商品的重要程度来确定。重要商品(如 A 类商品和促销品)的服务率可定为 95%～100%,对于次重要或不重要的商品的服务率,可以定得相对低些。应当注意的是,服务水平每提高 1%,库存费用随之增加。总之,服务水平最终取决于经营者的判断。

5. 确定供应间隔

供应间隔是指从订货到交货,需要多少天,又称供货期间。它主要是根据供应商的情况决定其内容的。如果是从生产商处直接进货,必须充分了解生产商生产过程、生产计划、工厂仓库的能力等,并进行全面的相互讨论后再确定供应时间。更有必要和其他供应商加深相互了解。

供货期间长,意味着库存量增加,所以企业希望供应期间短。还有,由于供应期间有变动,则要增加安全库存量(安全库存量与供应期间的平方根成比例)。因此,为了满足交易条件,就要确定有约束的安全供应期间,作为模型所规定的供应间隔期,是平均供应间隔期和标准误差(如标准偏差等)指标。如果达到正常的程度,那就是最理想的、最大的供应间隔期。

6. 确定订货点

订货有两种方式:①定期订货方式;②定量(订货点)订货方式。定期订货方式是指在一定期间内补充库存的方式。定期订货是以每周、每月或三个月为一个订货周期,预先确定订货周期,以防止缺货。订货点方式是指库存降到订货点时的订货。订货点是指在补充库存之前,仓库所具备的库存量。定期订货方式与定量订货方式将在本章的第三节讲述。

7. 计算安全库存

安全库存是指除了保证在正常状态下的库存计划量之外,为了防止由于不确定性因素引起的缺货,而备用的缓冲库存叫安全库存。如果不确定性因素考虑过多,就会导致库存过剩。不确定性因素主要来自两个方面:需求量预测不确定和供应间隔不确定。

8. 确定订货量

订货量越大,库存和与库存有关的保管费越多。但由于订货次数的减少,与订货有关的各项费用也相应减少,所以订货费和保管费两者随着订货量的变化而变化,反映出反方向的变动关系。保管费用和订货费用之和的总费用是最小值时,对应的订货量就是经济订货量。

9. 确定平均库存

平均库存是指在某一定期间内的平均库存量,一般采用下面的公式计算:

平均库存量=(订货点÷2)+安全库存量

第三节　库存控制的方法

一、运用 ABC 分类法对库存商品进行重点管理

(一) 对 ABC 分类法的认识

ABC 分类法又称重点管理法,就是将库存货物根据其消耗的品种数和金额按一定的标准进行分类,对不同类别的货物采用不同的管理方法。

仓库中所保管的货物一般品种繁多,有些货物的价值较高,对于生产经营活动的影响较大,或者对保管的要求较高。而另外一些品种的货物价值较低,保管要求不是很高。如果我们对每一种货物采用相同的保管办法,可能投入的人力、物力很多,而效果却是事倍功半。所以在仓库管理中采用 ABC 分类法,就是要区别对待不同的货物,在管理中做到突出重点,以有效地节约人力、物力和财力。

(二) ABC 货物的分类方法

(1) 将品种序列表中的数据按从大到小的顺序排列,并分别计算品种数累计及占全部品种的比例,金额累计及占全部金额的比例。

(2) 按 ABC 分类标准(见表 4-3)将序列表中的商品分为 A、B、C 三类,并做出分类表。

表 4-3　ABC 分类标准

品种项数占 总项数的比例	类　　别	物品耗用金额占 总耗用金额的百分比
5%～10%	A	70%～75%
10%～20%	B	10%～20%
70%～75%	C	5%～10%

(3) 根据 ABC 分类标准绘制 ABC 曲线图,并分析曲率及分类管理的效果。

(4) 提出 A、B、C 三类商品的控制方法。

例如,某企业库存商品 3421 种,按每一种的年度销售额从大到小排成表 4-4。如何进行 ABC 管理?制作 ABC 分类表如表 4-5 所示,制作 ABC 曲线图如图 4-4 所示。

表 4-4 统计表

金额分档（万元）	销售金额（万元）	金额累计（万元）	所占比例	品种数	品种累计	所占比例
≥6	5800	5800	69.1	260	260	7.6
5～6	500	6300	75.1	68	328	9.6
4～5	250	6550	78.1	55	383	11.2
3～4	340	6890	82.1	95	478	14.0
2～3	420	7310	87.1	170	648	18.9
1～2	410	7720	92.0	352	1000	29.2
≤1	670	8390	100.0	2421	3421	100.0

表 4-5 ABC 分类表

分类	销售金额（万元）	所占比例	累计比例	品种数	所占比例	累计比例
A	6300	75.1	75.1	328	9.6	9.6
B	1420	16.9	92.0	672	19.6	29.2
C	670	8.0	100.0	2421	70.8	100.0

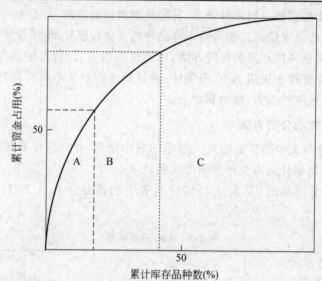

图 4-4 ABC 曲线图

（三）ABC 分类管理的措施

用上述方法分出 A、B、C 三类货物之后，应在仓储管理中相应采用不同的方法。

1. 对 A 类货物的管理

由于 A 类货物进出仓库比较频繁，如果供给脱节将对生产经营活动造成重大影响。但是，如果 A 类货物存储过多，仓储费用就会增加很多，因此，对 A 类货物的管理要注意到以下几点。

（1）多方了解货物供应市场的变化，尽可能地缩短采购时间。

(2) 控制货物的消耗规律,尽量减少出库量的波动,使仓库的安全储备量降低。
(3) 合理增加采购次数,降低采购批量。
(4) 加强货物安全、完整的管理,保证账实相符。
(5) 提高货物的机动性,尽可能地把货物放在易于搬运的地方。
(6) 货物包装尽可能标准化,以提高仓库利用率。

2. 对 B 类、C 类货物的管理

B 类、C 类货物相对来说进出库不是很频繁,因此一般对货物的组织和发送的影响较小。但是,由于这些货物要占用较大的仓库资源,使仓储费用增加,因此在管理上重点应该简化管理,可以参考以下问题管理。

(1) 将那些很少使用的货物可以规定最少出库的数量,以减少处理次数。
(2) 依据具体情况储备必要的数量。
(3) 对于数量大、价值低的货物可以不作为日常管理的范围,减少这类货物的盘点次数和管理工作。

具体如表 4-6 所示。

表 4-6　ABC 分类库存管理控制准则表

管理类别 \ 管理方法 \ 分类	A	B	C
检查	经常检查	一般检查	以季或年度检查
统计	详细统计	一般统计	按金额统计
控制	严格控制	一般控制	金额总量控制
安全库存量	控制较低	较高	允许最高

例如,根据下列已知资料,将其制作成 ABC 分析表,如表 4-7 所示。

表 4-7　九大类物资的 ABC 分析表

序号	名称	种类	金额(元)	品种(%)	品种累计(%)	金额(%)	金额累计(%)
1	A	6	291.00	19.35	19.35	26.04	26.04
2	B	7	244.10	22.58	41.94	21.84	47.89
3	C	2	162.09	6.45	48.39	14.51	62.39
4	D	2	147.72	6.45	54.84	13.22	75.61
5	E	1	81.95	3.23	58.06	7.33	82.85
6	F	4	81.95	12.90	70.97	7.33	90.28
7	G	3	54.24	9.68	80.65	4.85	95.13
8	H	3	33.00	9.68	90.32	2.95	98.09
9	I	3	21.37	9.68	100.00	1.91	100.00
合计		31	1117.42				

3. ABC 分类法的应用

(1) 计算每种商品品种百分比、品种累计百分比、金额百分比及金额累计百分比。

(2) 分类,根据下面的 ABC 库存管理分类法进行商品分类。

A 类商品的品种数所占比例为 10%～20%,而库存资金所占比例为 60%～80%。

B 类商品的品种数所占比例为 20%～30%,而库存资金所占比例为 10%～20%。

C 类商品的品种数所占比例为 50%～70%,而库存资金所占比例为 5%～10%。

因此对库存商品的 ABC 分类如下：A 类物资(如表 4-7 的序号 1～4)、B 类物资(如表 4-7 的序号 5～8),除此之外为 C 类物资。

(3) 制定管理策略。A 类物资通常是控制工作的重点,应该严格控制其计划与采购、库存储备量、订货量和订货时间。在保证生产的前提下,应尽可能地减少库存,节约流动资金;在保管方面,它们应存放在更安全的地方;为了保证它们的记录准确性,应对它们进行定期与不定期相结合地盘点。B 类物资可以适当控制,在力所能及的范围内,适度减少库存。C 类物资可以放宽控制,增加订货量。

二、运用订货点技术控制库存

库存控制是在保障供应的前提下,为使库存物品的数量最少所进行的有效管理的经济技术措施。库存控制的重点是对库存量的控制,订货点技术是从影响实际库存量的两方面,即一是销售(消耗)的数量和时间;二是进货的数量和时间入手来确定商品订购的数量与时间,从而达到控制库存量的目的。因此,订货点技术的关键在于把握订货的时机,具体的方法包括定量订货法和定期订货法两种。

(一) 定量订货法

定量订货法是指当库存量下降到预定的最低库存量(订货点)时,按规定数量(一般以经济订货批量 EOQ 为标准)进行订货补充的一种库存控制方法。它主要靠控制订货点和订货批量两个参数来控制订货进货,达到既能最好地满足库存需求,又能使总费用最低的目的。

1. 定量订货法的原理

预先确定一个订货点 QK,在销售过程中随时检查库存,当库存下降到 QK 时,就发出一个订货批量 $Q*$,一般取经济订货批量 EOQ。库存量的变化如图 4-5 所示。

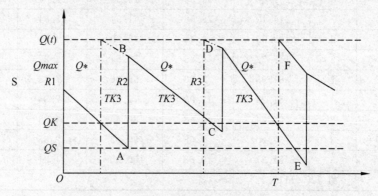

图 4-5 库存量的变化

图 4-5 中是库存量变化的一般情况,每一阶段库存下降速度率 R 和订货点的时间间隔都是随机变量,即 $R1\neq R2\neq\cdots\cdots\neq Rn$,$TK1\neq TK2\cdots\cdots\neq TKn$,进入第一阶段,库存以 $R1$ 的速度下降,当库存下降到 QK 时,就发出一个订货批量 $Q*$,这时"名义库存"升高 $Q*$,达到 $Qmax=QK+Q*$,进入第一个订货提前期 $TK1$,在 $TK1$ 内库存继续以 $R1$ 的速度下降至 A 点(如图 4-5 中等于 QS,在 QS 线上);新订货物到达,$TK1$ 结束,实际库存为 $QB=QS+Q*$,进入第二阶段,库存以 $R2$ 的速度下降,假设 $R2<R1$,所以库存消耗周期较第一阶段要长,当库存下降到 QK 时,又发出一个订货批量 $Q*$,"名义库存"又升到 $Qmax=QK+Q*$,进入第二个订货提前期 $TK2$,在 $TK2$ 内库存继续以 $R2$ 的速度下降至 C 点,第二批订货到达,$TK2$ 结束,实际库存又升高了 $Q*$ 达到 D 点,实际库存为 $QD=QC+Q*$,由于 $R2<R1$,所以 $TK2<TK1$。

之后进入第三个阶段,库存以 $R3$ 的速度下降,$R3>R1>R2$,因 $TK3>TK1>TK2$,当 $TK3$ 结束时库存量下降到 E 点,且动用了安全库存 QS,新的订货到达时,实际库存上升到 $QF=QE+Q*$,比 B 点和 D 点的实际库存都低,然后进入下一个出库周期,如此反复循环下去。

由上述对图的分析可以看到,订货点 QK 包括两部分:第一部分为 QS,即安全库存;第二部分为 DL,即各订货提前期内销售量的平均值 $\overline{DL}$,如果各个周期的销售是平衡的,即 $R1=R2=R3=\cdots\cdots$,则 $\overline{DL}$ 就是各提前期的销量 DL。

在整个库存变化中所有的需求量均得到满足,没有缺货现象,但是第三个阶段的销售(出库)动用了安全库存 QS,如果 QS 设定大小,则 $TK3$ 期间的库存曲线会下降到横坐标线以下,出现负存货,即表示缺货。因此安全库存的设置是必要的,它会影响库存的水平。

由于控制了订货点 QK 和订货批量 $Q*$,使得整个系统的库存水平得到了控制,名义库存 $Qmax$ 不会超过 $QK+Q*$,实际最高库存 QB、QD、DF 不会超过 $QK+Q*-\overline{DL}$。

2. 定量订货法控制参数的确定

实施定量订货法需要确定两个控制参数:一个是订货点,即订货点库存量;一个是订货数量,即经济订货批量 EOQ。

(1) 订货点的确定。

影响订货点的因素有三个:订货提前期、平均需求量和安全库存。根据这三个因素可以简单地确定订货点。

(2) 在需求和订货提前期确定的情况下即 R 和 K 固定不变,不需要设定安全库存即可直接求出订货点。计算公式如下:

$$订货点=订货提前期(天)\times(全天需求量\div 360)$$

【例 4-2】 某仓库每年出库商品业务量为 18 000 箱,订货提前期为 10 天,试计算订货点。

解: $$订货点=10\times(18\,000\div 360)=500(箱)$$

(3) 在需求和订货提前期都不确定,即 $R1\neq R2\neq R3\neq\cdots\cdots$,$TK1\neq TK2\neq TK3\cdots\cdots$ 的情况下需要安全库存,可采用下式确定:

$$订货点=(平均需求量\times最大订货提前期)+安全库存$$

【例 4-3】 某商品在过去 4 个月中的实际需求量分别为 1 月 120 箱,2 月 115 箱,3 月 127 箱,4 月 130 箱。最大订货提前期为 2 个月,缺货概率根据经验统计为 5%,求该商品的订货点。

解: 平均月需求量 = (120+115+127+130)÷4 = 123(箱)

缺货概率为 5%,查表 4-1 得:

安全系数 = 1.65

$$需求变动值 = \sqrt{\frac{\sum (R_i - \bar{R})^2}{n}} = \sqrt{\frac{(120-123)^2 + (115-123)^2 + (127-123)^2 + (130-123)^2}{4}}$$
$$= 5.87$$

安全库存 = 1.65 × 2 × 5.87 = 19.37 ≈ 20(箱)

订货点 = 123 × 2 + 20 = 266(箱)

3. 订货批量的确定

经济订货批量 EOQ 是指库存总成本最小时的订货量。研究经济订货量的方法,用年库存管理的总费用和订货量的公式来表示,根据该公式的解确定最佳订货量。

(1) 模型假设:每次订货的订货量相同,订货提前期固定,需求率固定不变。

(2) 最佳订货批量的确定。如图 4-6 所示通过使某项库存物资的年费用达到最小来确定相应的订货批量。

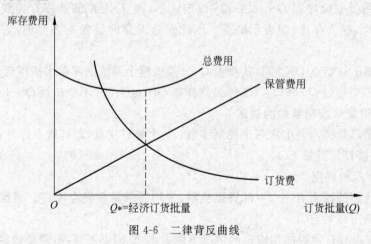

图 4-6 二律背反曲线

从图 4-6 可见,保管费用随订货量增大而增大,订货费随订货量增大而减少,当两者费用相等或总费用曲线最低点时为 EOQ。

(3) 理想的经济订货批量。

理想的经济订货批量是指不考虑缺货,也不考虑数量折扣以及其他问题的经济订货批量。在不允许缺货,也没有数量折扣等因素影响的情况下,库存物品的年度总费用 = 购入成本 + 订货成本 + 库存保管费用,此时,年订货次数等于 $D \div Q$,平均库存量为 $Q \div 2$,年订货成本等于 $D \div Q \times C$,年存储成本等于 $QPF \div 2$,购入成本为 DP,即

$$TC = DP + \frac{DC}{Q} + \frac{QPF}{2}$$

式中：D——某库存物品的年需求量（件/年）；

P——物品的订购单价（元/件）；

C——单位订货成本（元/次）；

Q——每次订货批量（件）；

F——单件库存保管费与单件库存采购成本之比（年保管费率）。

这种库存模型用图 4-7 表示为

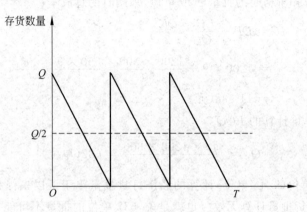

图 4-7　库存模型

若使 TC 最小，将对上式求导后令其等于 0，得到经济订购批量 EOQ 的计算公式如下：

$$EOQ = \sqrt{\frac{2CD}{PF}} \quad 两次订货的最佳时间间隔 = EOQ \div D$$

$$每年的订货次数 = D \div EOQ$$

【例 4-4】　设某物资企业年需某物资 1200 单位，单价为 10 元/单位，年保管费率为 20%，每次订货成本为 300 元。求经济订购批量 EOQ。代入公式，得

$$EOQ = \sqrt{\frac{2 \times 1200 \times 300}{10 \times 20\%}} = 600（单位）$$

$$库存总费用 = 1200 \times 10 + \frac{600 \times 10 \times 20\%}{2} + \frac{1200 \times 300}{600} = 13\,200（元）$$

即在每次订购数量为 600 单位时，库存总费用最小，为 13 200 元。

$$每年的订货次数 = D \div EOQ = 1200 \div 600 = 2（次）$$

$$两次订货的最佳时间间隔 = EOQ \div D = 600 \div 1200 = 0.5（年）$$

4. 有数量折扣的经济订货批量

在实际应用 EOQ 公式时，除了考虑缺货费用以外，一般还必须考虑其他一些因素对总成本的影响，最常见的是，由于批量不同而带来的在采购价格和运输价格上的差异。

为鼓励大批量购买，供应商往往在订购数量超过一定量时提供优惠的价格。在这种

情况下,买方就要进行计算,以确定是否需要增加订货量去获得折扣。若接受折扣所产生的总成本小于订购 EOQ 所产生的总成本,则应接受折扣;反之,则按不考虑数量折扣计算的 EOQ 进行订购。

例如,在例 4-4 中,供应商给出的数量折扣条件是,若物资订货量小于 650 单位时,每单位为 10 元,订货量大于或等于 650 单位时,每单位为 9 元。若其他条件不变,最佳采购批量为多少?

根据供应商给出的上述条件,具体分析如下。

(1) 按享受折扣价格时的批量(650 单位)采购时的总成本:

$$TC = DP + \frac{DC}{Q} + \frac{QK}{2}$$
$$= 1200 \times 9 + \frac{1200 \times 300}{650} + \frac{650 \times 9 \times 20\%}{2}$$
$$= 11\,938(元)$$

(2) 按折扣单价计算的 EOQ:

$$Q_9 = \sqrt{\frac{2 \times 1200 \times 300}{9 \times 20\%}} = 632(单位)$$

由于按折扣单价(9 元/单位)计算的经济订货批量小于可以享受批量折扣的 650 单位,说明此经济订货批量计算无效。也就是说,632 单位的批量不可能享受 9 元的优惠单价。又由于按 650 单位采购的总成本要低于按每单位 10 元采购时的经济订货批量 600 单位的总成本(13 200 元),因此,应该以 650 单位作为最佳批量采购。

若按折扣单价计算的经济订货批量大于可以享受批量折扣的 650 单位,则应按经济订货批量采购。如折扣单价为 8 元时,经济订货批量为 670 单位,大于可以享受批量折扣的 650 单位,故应按 670 单位的批量采购。

5. 定量订货法的优缺点

1) 优点

(1) 控制参数一经确定,则实际操作就变得非常简单了。实际中经常采用"双堆法"来处理。所谓双堆法,就是将某商品库存分为两堆,一堆为经常库存;另一堆为订货点库存,当消耗完就开始订货,并使用经常库存,不断重复操作。这样可减少经常盘点库存的次数,方便可靠。

(2) 当订货量确定后,商品的验收、库存、保管和出库业务可以利用现有规格化器具和方式,可以有效地节约搬运、包装等方面的作业量。

(3) 充分发挥了经济订货批量的作用,可降低库存成本,节约费用,提高经济效益。

2) 缺点

(1) 要随时掌握库存动态,严格控制安全库存和订货点库存,占用了一定的人力和物力。

(2) 订货模式过于机械,不具有灵活性。

(3) 订货时间不能预先确定,对人员、资金、工作计划的安排不利。

(4) 受单一订货的限制，对于实行多种联合订货采用此方法时还需灵活掌握处理。

（二）定期订货法

1. 定期订货法的原理

预先确定订货时间间隔，进行订货补充的库存管理方法叫作定期订货法。定期订货法是以时间为基础的订货控制方法。它设定订货周期和最高库存量，从而达到控制库存量的目的。只要订货间隔期和最高库存量被合理地控制，就可能达到既保障需求、合理存货，又可以节省库存费用的目的。

定期订货法的原理：预先确定一个订货周期和最高库存量，周期性地检查库存，根据最高库存量、实际库存、在途订货量和待出库商品数量，计算出每次订货批量，发出订货指令，组织订货，如图4-8所示。

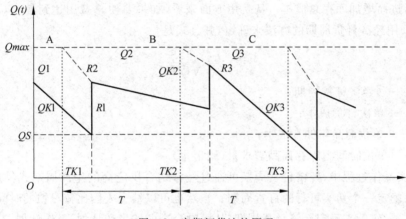

图 4-8 定期订货法的原理

图 4-8 中表示的是定期订货法一般情况下库存量是如何变化的：$R1 \neq R2 \neq R3$……，$TK1 \neq TK2 \neq TK3$……，在第一个周期，库存以 $R1$ 的速度下降，因预先确定了订货周期 T，订货时间也就被规定了，到了订货时间，不论库存剩下的数量，都要发出订货指令，所以当到了第一次订货时间即库存下降到 A 点时，检查库存，求出实际库存量 $QK1$，在途货物和待出货物相结合，发出一个订货批量 $Q1$，使名义库存上升到 $Qmax$。然后第二个周期开始，经过 T 时间又检查库存得到此时的库存量 $QK2$，并发出一个订货批量 $Q2$，使名义库存又回到 $Qmax$。

定期订货法被用来保证库存需求，与定量订货法不同。定量订货法是以订货期提前来满足需求的，其控制参数 QK（订货量）是用于满足订货提前内库存的需求。与其不一样，定期订货法是以满足整个订货提前周期内的库存需求，即本次发出订货指令到下次订货到达即 $(T+TK)$ 这一期间的库存需求是其目的。

由于在 $(T+TK)$ 期间的库存需求量是无序改变的，因此根据 $(T+TK)$ 期间的库存需求量 $Qmax$（最高库存量），也是随机变量，它包括 $(T+TK)$ 期间的库存平均需求量和防止需求波动或不确定性因素而设置的 QS（安全库存）。

> **定期订货法的实施需要解决的三个问题**
> (1) 如何确定订货周期？
> (2) 如何确定最高库存量？
> (3) 如何确定每次订货的批量？

2. 定期订货法控制参数的确定

1) 确定订货周期(T)

订货周期实际上就是定期订货的订货点，其间隔时间总是一致的。订货周期的长短直接决定最高库存量有多少，即库存水平的高低，库存成本的多少进而也被决定。所以，订货周期不能太长，否则会增加库存成本；也不能太短，太短会使订货次数增加，使得订货费用增加，进而增加库存总成本。从费用方面来看，如果要使总费用达到最小，订货周期(T)可以采用经济订货周期的方法来确定，其公式是

$$T* = \sqrt{\frac{2S}{CiR}}$$

式中：$T*$——经济订货周期；

S——单次订货成本；

Ci——单位商品年储存成本；

R——单位时间内库存商品需求量（销售量）。

在现实操作过程中，经济订货周期可通过经常结合供应商的生产周期或供应周期来调整，从而确定一个切实可行的订货周期。当然也可以结合人们比较习惯的时间单位，如周、旬、月、季、年等来确定经济订货周期，从而吻合企业的生产计划、工作计划。

2) 确定最高库存量($Qmax$)

定期订货法的最高库存量的作用是满足($T+TK$)期间内的库存需求的，所以我们可以用($T+\overline{TK}$)期间的库存需求量为基础。考虑到随机发生的不确定库存需求，一定的安全库存也需要被设置，这样可以简单求出最高库存量。其公式是

$$Qmax = \overline{R}(T + \overline{TK}) + QS$$

式中：$Qmax$——最高库存量；

$\overline{R}$——($T+\overline{TK}$)期间的库存需求量平均值；

T——订货周期；

$\overline{TK}$——平均订货提前期；

QS——安全库存量。

3) 订货量的确定

定期订货法每次的订货数量不是固定的，订货批量的大小都是由当时的实际库存量的大小决定的，考虑到订货点时的在途到货量的数量和已发出出货指令尚未出货的待出货数量，用下面的公式来计算每次订货的订货量：

$$Qi = Qmax + Qni - Qki - Qmi$$

式中：Qi——第 i 次订货的订货量；

Q_{max}——最高库存量；

Q_{ni}——第 i 次订货点的在途到货量；

Q_{ki}——第 i 次订货点的实际库存量；

Q_{mi}——第 i 次订货点的待出库货数量。

3. 定期订货法的优缺点

1）优点

(1) 通过订货数量调整，减少超储。

(2) 周期盘点比较彻底、精确，减少了工作量（定量订货法每天盘存），工作效率得到提高。

(3) 库存管理的计划性强，对于工作计划的安排，实行计划管理十分有利。

2）缺点

(1) 安全库存量不能设置太少。因为它的保险周期 $(T+TK)$ 较长，因此，$(T+TK)$ 期间的需求量也较大，需求标准偏差也较大，因此需要设置较大的安全库存量来保障需求。

(2) 每次订货的批量不一致，无法制定出经济订货批量，因而运营成本降不下来，经济性较差。只适合于 ABC 物资分类法中的 A 类以及重点物资的库存控制。

三、供应商管理库存（VMI）的运用

流通环节中的每一个部门都是各自管理各自的库存，分销商、批发商、供应商都有各自的库存，各个供应链环节都有自己的库存控制策略。由于各自的库存控制策略不同，因此不可避免地产生需求的扭曲现象，即所谓的需求放大现象。于是就出现了一种新的供应链库存管理方法——供应商管理库存（Vendor Managed Inventory，VMI）。

（一）VMI 的基本思想

供应商管理库存是指供应商等上游企业基于其下游客户的生产经营、库存信息，对下游客户的库存进行管理与控制。具体来说，VMI 是一种以用户和供应商双方都获得最低成本为目的，在一个共同的协议下由供应商管理库存，并不断监督协议执行情况和修正协议内容，使库存管理得到持续地改进的合作性策略。

这种库存管理策略打破了传统的各自为政的库存管理模式。体现了供应链的集成化管理思想，适应市场变化的要求，是一种新的、有代表性的库存管理思想。

该策略的关键措施主要体现在以下几个原则中。

1. 合作性原则

合作性原则也称合作精神，在实施该策略时，相互信任与信息透明是非常重要的，供应商和用户（分销商、批发商）都要有较好的合作精神，才能够相互保持较好的合作。

2. 互惠原则

VMI 的实施关键不在于成本如何分配或由谁来支付的问题，而在于减少成本的问题。通过该策略的实施使供应商和零售商双方的成本都得到降低是其根本目的。

3. 目标一致性原则

合作双方在实施 VMI 时，都要明白各自的责任，在观念上达成一致的目标。如库存

放在哪里,什么时候支付,是否要管理费,要花费多少管理费等问题都要明确体现在框架协议中。

4. 连续改进原则

框架协议的不断修正可以使供需双方利益共享并消除浪费。

(二) VMI 的主要特征

1. 运作模式的特点

(1) 管理责任和决策主体转移。用户的库存管理和费用由供应商承担。

(2) 销售活动延迟。由于用户(分销商、批发商)的库存由供应商管理,其所有权属于供应商,只有当存货被用户(分销商、批发商)使用时商品销售才真正实现。

(3) 信息共享。供应商能够及时获取用户库存及需求信息,并负责对用户的产品需求进行预测分析。

2. VMI 的优点

VMI 与传统的库存管理方法相比,具有以下优点。

(1) 由供应商掌握库存,用户不需要占用库存资金,不需要增加采购、进货、检验、入库、出库、保管等一系列工作,可以集中更多的资金、人力、物力用于提高自身的竞争力,进而为整条供应链(包括供应商)创造一个更加有利的局面。

(2) 供应商通过网络共享用户的需求信息,削弱了"牛鞭效应",从而减少了安全库存。

(3) 提高了资源的利用率,减少了浪费及非增值活动,提高了生产和运输的效率。因为供应商拥有用户的库存信息和补货决策权,所以供应商能够预先对生产和运输能力进行计划安排,防止能力过剩与不足,同时可以采取灵活的补货策略使补货与生产、运输能力相协调。当生产能力不足而运输能力比较充足时,可采取低订货点补货策略,实行多批次小批量配送;反之,则采取高订货点补货策略,实行少批次大批量配送。

(4) 降低交易成本。在 VMI 模式下,供需双方是基于互信的合作伙伴关系,用户将其库存的补货决策权完全交给供应商,从而减少了传统补货模式下的协商、谈判等事务性工作,大大节约了交易费用。

> 🔔 **小贴士**
>
> ### 雀巢与家乐福实施 VMI 案例
>
> **一、背景介绍**
>
> 关系:单纯买卖关系,家乐福是雀巢一个重要客户,家乐福决定购买产品和数量。
>
> 人员:双方都有对应的专属业务人员。
>
> 系统:内部各有独立的 ERP 系统,彼此不兼容。
>
> 时机:家乐福也正在进行与供货商以 EDI 联机方式的推广计划;雀巢的 VMI 计划也打算以 EDI 的方式进行联机。
>
> **二、运作方式**
>
> 目前整个 VMI 运作方式分为五个步骤,说明如下。

(1) 每日 9:30 前家乐福用 EDI 联机方式传送结余库存与出货资料等信息至雀巢公司。

(2) 9:30—10:30 雀巢公司将收到的资料合并至 EWR 的销售数据库系统中,并产生预估的补货需求,系统将预估的需求量写入后端的 BPCS ERP 系统中,依实际库存量计算出可行的订货量,产生所谓的建议订单。

(3) 10:30 前雀巢公司以 EDI 联机方式传送建议订单给家乐福。

(4) 10:30—11:00 家乐福公司在确认订单并进行必要的修改(量与品项)后回传至雀巢公司。

(5) 11:00—11:30 雀巢公司依照确认后的订单进行拣货与出货。

三、合作关系

过去与家乐福是单向的买卖关系,顾客要什么就给他什么,甚至是尽可能地推销产品,彼此都忽略了真正的市场需求,导致卖得好的商品经常缺货,而不畅销的商品却有很高的库存量。

这次合作使双方愿意共同解决问题,从而有利于从根本上改进供应链的整体运作效率,并使雀巢公司容易掌握家乐福的销售资料和库存动态,以更好地进行市场需求预测和采取有效的库存补货计划。

四、特点与启示

(1) 信息共享、信息透明、合作。

(2) 总成本最低。

(3) 目标一致。

(4) 高水平服务、改善资金流、客户信任度。

本章小结

本章首先对库存含义、分类及功能进行了阐述,通过库存控制使企业的库存合理化。其次分析了安全库存的含义、安全库存的必要性、安全库存的影响因素以及安全库存量的确定。重点对库存 ABC 分类法、安全存量法、定量订货法和定期订货法进行了分析,强调了每种方法的适用范围、影响因素、解决途径。最后是供应商管理库存(VMI)的运用。

课堂实训

实训一 定期订货法

1. 工作目标

通过模拟案例或计算演练,使学生学会分析定期订货法的应用情形,懂得定期订货法相关参数的计算。

2. 工作准备

(1) 了解定期订货法的基本知识。

(2) 准备计算分析的相关资料和工具等。
(3) 由学生独立完成。
(4) 工作时间安排 1 学时。

3. 工作任务

(1) 如果某产品的需求量(A)为每年 2000 单位,价格为每单位 5 美元,每次订货的订货成本(D)为 25 美元,年持有成本率为 20%,则各次订货之间的最优检查间隔期(T)为多长时间?

(2) 某公司为实施定期订货法策略,对某个商品的销售量进行了分析研究。发现用户需求服从正态分布。过去 9 个月的销售量分别是 11、13、12、15、14、16、18、17、19(吨/月),如果他们组织资源进货,则订货提前期为 1 个月,一次订货费为 30 元,1t 物资 1 个月的保管费为 1 元。如果要求库存满足率达到 90%,根据这些情况应当如何制定定期订货法策略? 又在实施定期订货法策略后,第一次订货检查时,发现现有库存量为 21t,已订未到物资 5t,已经售出但尚未提货的物资 3t,问第一次订货时应该订多少?

实训二 ABC 分类法

1. 工作目标

通过模拟案例,使学生学会应用 ABC 分类法,懂得 ABC 分类法的具体操作过程。

2. 工作准备

(1) 了解 ABC 分类法的内涵。
(2) 准备计算分析的相关资料和工具等。
(3) 将全班学生分成若干组,每组 4~5 人,相互进行讨论。
(4) 工作时间安排 2 学时。

3. 工作任务

一家中型超市当前正面临着所经营商品的库存问题,仓储部经理已经决定开始进行公司存货的需求分析,这个项目的第一阶段包括商品的 ABC 分类法分析。

以下是库存商品及库存占用资金量的情况统计表。

销售数据(以 1 年为期限)

商品名称	金额(万元)	品目数量(种)	
百洁布	0.1	55	
儿童拼图	0.6	25	
香皂盒	0.4	35	
纸杯	0.3	40	
玻璃杯	1.5	20	
纸巾盒	0.5	35	
香皂	1.0	30	
驱蚊花露水	1.8	20	
空气清新剂	1.2	20	

续表

商品名称	金额(万元)	品目数量(种)	
牙膏	2.5	15	
漱口水	2.2	10	
自行车	12.0	25	
电动车	18.0	15	
儿童车	2.9	10	
纯棉袜	2.0	25	
衬衣	4.0	35	
毛衣	6.0	25	
绒衣	3.0	10	
电视机	96.0	20	
洗衣机	44.0	30	
合计			

如果你受雇于这家咨询公司,你如何构建你的分析方法?你会使用什么样的方法?要将库存削减到什么样的水平?一定要在你的决策和方法后面说明你这样做的理由。

 阅读案例

洪胜的库存管理变革

几年前,有两个数字让洪胜公司的高层寝食难安:一个是库存数据,在洪胜的分销体系中,有价值38亿美元的库存;另一个是脱销量,在零售店或折扣店最重要的2000种商品中,任何时刻都有11%的商品脱销,洪胜的产品在其中占有相当大的比重。有时没找到所需商品的客户会推迟购买,但很多客户会买别的品牌或干脆什么都不买。

令人不解的是,系统中的大量库存并未降低脱销量。事实上,货架上脱销的商品常常堆积在仓库中。虽然库存系统表明有货,库存管理人员却无法找到牙膏或纸巾的包装箱。库存堆积如山,而顾客却经常买不到玉清的产品。虽然尽了很大努力,公司尝试过的对策都无法永久地改变这一矛盾。于是,洪胜的经理们开始探索更激进的、突破性的解决方法。洪胜定下了目标:在不恶化脱销问题的前提下,减少10亿美元库存。

急剧变化的环境要求洪胜公司的管理层变得更加敏捷、快速和高效,公司意识到,必须改革自己的库存管理。而现有的做法无法缩短订货至发货的循环周期,削减不必要的安全存货(safety inventory,是指公司为了避免供应短缺而保留在手上的超出订购量的库存),并且向快速流通配送(flow-through)的方向转变。

洪胜公司曾经一直采用零售合作伙伴买进整车商品时给予折价的定价政策。然而,这一政策会促使其客户经常推迟订货,直到他们能购买整车货物,甚至因此导致脱销也在所不惜。同时也使他们承担了高于其需求的存货。

这一多余的存货导致两个主要问题。

一是产品老化。如果渠道中有太多库存,客户必须在市场营销周期的末尾从零售商处回收,而增加的产品处理导致更多的货物受损;此外,与通常的逻辑相反,多余的库存事实上导致产品难以获得,因为零售商的库存空间有限,而产品如果淹没在拥挤的仓库中就更难找到了。研究表明,如果洪胜允许客户更及时地订货,并且稍微放松有关满车的限制,会产生令人惊讶的效果。

二是后期分销。在后期分销流程中,商店每晚检查其存货,每天将需求信息发送到总部。如果商店经理在一周的开始阶段发现卖出了三瓶潘婷洗发水,他便将订单发送给总部,总部将订单转送到玉清——但这一产品从分销体系中返回要花7~10天。很多零售商在商品到达分销中心时会严格按照商店的订货量装运。但那时数据可能已经是10天前的,商店处于与其在订货时完全不同的存货状况。

根据以上分析,洪胜采取了以下举措。

(1) 建立实时需求启动装置。

例如,可以从零售商的条码扫描器上直接获取销售点的信息。洪胜99%的美国客户使用电子订货,这使洪胜能在销售发生后5~7天获得实际的销售数据。洪胜也正在50个零售店中进行另一种销售点系统的试验计划,这几乎已成为推广普及的市场化产品。通过这一计划,洪胜发现,更好的信息获取系统能将11%的脱销率下降到2%~3%。

(2) 改变规划和生产产品的方式。

为达到这一目标,洪胜与其ERP系统供应商共同开发了具有适应性的资源规划模型,使他们可以在得到实时或接近实时的信息的情况下每天2~3次更新规划,而不是每天进行一次批量规划。目前,洪胜已在其最大量的库存单位(SKU)中实现了30%的按需生产系统。

(3) 放宽传统规则的限制。

对于低于整车的送货量,洪胜的管理层决定以最大10%的幅度调整满车装运规则。公司在西海岸的一个客户仓库进行试验,运送整箱的商品,不加以成本上的障碍,并监控效果。目前的变化表明系统的总体不稳定性在下降。

所有的一切汇聚到了一起:更少量但更容易取得的存货减少了脱销率,优化的客户需求信息导致更好的产品流动和更少的库存。去年,洪胜的库存成本下降了,并预期今年会进一步下降6亿美元。

(资料来源:李作聚. 仓储配送中心布局与管理[M]. 北京:清华大学出版社,2010:130-131)

思考题:

(1) 洪胜的库存管理问题产生的原因有哪些?

(2) 你还有何种库存控制办法解决洪胜的高库存?

(3) 如何进一步合理化洪胜产品的销售流程?

思 考 练 习

(1) 什么是安全库存?

(2) 简述安全库存的影响因素。

(3) 有一种物料,相关记录如下:料号为 20300046A,名称为 83053 晶片 IC,上月结存 9000pcs,本月入库为 153 000pcs,本月出库为 106 000pcs,本月结存库存量为 56 000pcs,订货处理期为 9 天,客户需要在 7 天之内要货,试分析是否需要订安全库存,假如需要,安全库存为多少最为合适?

(4) 简述 ABC 分类法的基本含义。

(5) 如何划分 A、B、C 三类物资和库存控制策略?

(6) 简述定量订货法的优缺点以及适用范围。

第五章

仓储合同管理

【知识目标】

(1) 熟知仓储合同中的当事人和标的物。

(2) 熟知仓储合同的条款。

【技能目标】

(1) 能够熟练草拟仓储合同。

(2) 能够正确处理仓储合同纠纷。

【引导案例】

　　小王是胜利物流公司的业务员,2017年4月3日,神州电器公司向该物流公司发出一份函电称:"由胜利物流公司为神州电器公司储存保管家用电器,保管期限自2017年4月10日至2018年4月9日,仓库租金是全国统一价每月12元/m^2,任何一方违约,均需支付违约金2万元,如无异议,一周后正式签订合同。"

　　小陈作为公司代表签订了合同,并安排仓管人员清理仓库,准备神州的货物入库。但是4月8日,神州电器公司因为另一家物流公司给出了更低的价格,而决定放弃与胜利物流公司的合作,他们书面通知胜利物流公司:因故我公司家电不需要存放贵公司仓库,双方于4月3日所签订的仓储合同终止履行,请谅解。

　　胜利物流公司接到神州电器公司书面通知后,电告神州电器公司:同意仓储合同终止履行,但贵公司应当按合同约定支付违约金20 000元。神州电器公司拒绝支付违约金,双方因此而形成纠纷。小陈该怎样处理合同的纠纷?

第一节 仓储合同基本知识

一、仓储合同的定义

仓储合同又称仓储保管合同,是保管人储存存货人交付的仓储物,存货人支付仓储费的合同。在仓储合同关系中,存入货物的一方是存货人,保管货物的一方是保管人,交付保管的货物为仓储物。仓储业是专为他人储藏、保管货物的商业营业活动,也是现代化大生产和国际、国内商品货物的流转中一个不可或缺的环节。

根据《中华人民共和国合同法》(以下简称《合同法》)第381条规定:"仓储合同是保管人储存存货人交付的仓储物,存货人支付仓储费的合同。"

二、仓储合同当事人

仓储合同双方当事人分别为存货人和保管人。

(一)存货人

1. 存货人的含义

存货人是指将仓储物交付仓储的一方。存货人必须是具有将仓储物交付仓储的处分权的人,可以是仓储物的所有人,如货主;也可以是只有仓储权利的占有人,如承运人;或者是受让仓储物但未实际占有仓储物的拟所有人,或者是有权处分人,如法院、行政机关等。可以是法人单位、非法人单位、个人等的企业,也可以是事业单位、个体经营户、国家机关、群众组织、公民等。

2. 存货人的义务

1) 说明义务

(1) 仓储物的完整明确的说明。

所谓完整告知,是指在订立合同时存货人要完整、细致地告知保管人仓储物的准确名称、数量、包装方式、性质、作业保管要求等涉及验收、作业、仓储保管、交付的资料,特别是危险货物,存货人还要提供详细的说明资料。存货人寄存货币、有价证券或者其他贵重物品的,应当向保管人声明,由保管人验收或者封存,存货人未声明的,该物品毁损、灭失后,保管人可以按照一般物品予以赔偿。

(2) 仓储物的瑕疵的说明。

仓储物的瑕疵的说明,包括仓储物及其包装的不良状态、潜在缺陷、不稳定状态等已存在的缺陷或将会发生损害的缺陷。因存货人未告知仓储物的性质、状态造成的保管人验收错误、作业损害、保管损坏,由存货人承担赔偿责任。

(3) 仓储物危险情况的说明。

存货人储存易燃、易爆、有毒、有放射性等危险物品或者易腐等特殊货物的,应当向保管人说明货物的性质和预防危险、腐烂的方法,提供有关的保管、运输等技术资料,并采取相应的防范措施。存货人违反该义务的,保管人有权拒收该仓储物,也可以采取相应措施以避免损失的发生,因此产生的费用由存货人承担。保管人因接收该货物造成损害的,存货人应承担损害赔偿责任。

【案例5-1】 甲公司与乙公司（油品储备仓库）就柴油签订了仓储保管合同。合同签订后，甲将60t废柴油以柴油名义交付保管。2015年6月24日，乙仓库管理员发现柴油库气味浓烈，便用非防爆型抽油泵抽取漏油。在抽取过程中，油气突然发生爆燃。在救火过程中油气又发生第二次爆炸乙遭受重大损失。乙向法院起诉，要求甲赔偿经济损失共计70万元。

问题：存货人是否尽了法定的说明义务？

2）妥善处理和交付仓储物的义务

存货人应对仓储物进行妥善处理，根据性质进行分类、分储，根据合同约定妥善包装，使仓储物适合仓储作业和保管。存货人应在合同约定的时间向保管人交付仓储物，并提供验收单证。前文已述，交付仓储物为履行合同义务的行为，而非仓储合同的成立要件。存货人不能全部或部分按约定交付仓储物应承担违约责任。

3）支付仓储费和必要费用的义务

仓储合同是有偿合同，存货人应向保管人支付仓储费。仓储费即仓管人保管仓储物所应获得的报酬。如果存货人未支付仓储费，保管人有权对仓储物行使留置权利，有权拒绝将仓储物交还存货人或应付款人，并可通过拍卖留置的仓储物等方式获得款项。

另外，仓储物在仓储期间发生的应由存货人承担责任的费用支出或垫支费，如保险费、货物自然特性的损害处理费用、有关货损处理、运输搬运费、转仓费等，存货人应及时支付。

4）提取仓储物的义务

存货人应按照合同的约定，按时将仓储物提取。当事人对储存期间没有约定或者约定不明确的，存货人或者仓单持有人可以随时提取仓储物，保管人也可以随时要求存货人或仓单持有人提取仓储物，但应当给予必要的准备时间。合同约定了储存期间的，存货人或仓单持有人应当按照合同的约定及时提取仓储物。逾期提取的，应当加收仓储费。

在仓储合同期限届满前，保管人不得要求返还或要求由存货人或仓单持有人取回保管物。在存货人或仓单持有人要求返还时，保管人不得拒绝返还，但不减收仓储费。存货人或仓单持有人对于临近失效期或有异状的货物，应当及时提取或予以处理。存货人或仓单持有人提取货物时须提示仓单并缴回仓单。由于存货人或仓单持有人的原因不能使货物如期出库造成压库时，存货人或仓单持有人应负违约责任。

仓储合同一经成立，即发生法律效力。存货人和保管人在享有自己的权利的同时，都应严格按照合同的约定履行自己的法律义务。

3. 存货人的权利

1）查验、取样权

在仓储保管期间存货人有对仓储物进行查验、取样查验的权利，能提取合理数量的样品进行查验。由于查验，当然会影响保管人的工作，取样还会造成仓储物的减量，但存货人合理进行的查验和取样，保管人不得拒绝。

2) 保管物的领取权

当事人对保管期间没有约定或约定不明确的,保管人可以随时要求寄存人领取保管物;约定明确的,保管人无特别事由,不得要求寄存人提前领取保管物,但存货人可以随时领取保管物。

3) 获取仓储物滋息权

根据《合同法》第 377 条规定:"保管期间届满或者寄存人提前领取保管物的,保管人应当将原物及其滋息归还寄存人。"可见,如果仓储物在保管期间产生了滋息,存货人有权获取该滋息。

(二) 保管人

1. 保管人的含义

保管人为仓储货物的保管一方。根据《合同法》规定,保管人必须是有仓储设备并具有专门从事仓储保管业务资格的。也就是说,保管人必须拥有仓储保管设备和设施,具有仓库、场地、货架、装卸搬运设施、安全、消防等基本条件;取得相应的公安、消防部门的许可。从事特殊保管的,还要有特殊保管的条件要求。

保管人可以是独立的企业法人、企业分支机构,或个体工商户、其他组织等,可以是专门从事仓储业务的仓储经营者,也可以是贸易堆栈、车站、码头的兼营机构,从事配送经营的配送中心。本章引导案例中保管人即为胜利物流公司。

2. 保管人的义务

1) 提供合适的仓储条件的义务

仓储人经营仓储保管的先决条件就是具有合适的仓储保管条件,有从事保管货物的保管设施和设备。包括适合的仓储人员、场地、容器、仓库、货架、作业搬运设备、计量设备、保管设备、安全保卫设施等条件。同时保管人所具有的仓储保管条件还要适合所要进行保管的仓储物的相对仓储保管要求,如保存粮食的粮仓、保存冷藏货物的冷库等。保管人若不具有仓储保管条件,则构成根本违约。

2) 验收仓储物的义务

验收仓储物,是保管人对存货人送交储存的货物进行检验与检查以确定其处于适合保管的良好状态的过程,也是保管人按照合同规定履行仓储保管义务,在期限届满后将处于完整状态下的货物返还给存货人的前提。

保管人应当按照约定对入库仓储物进行验收。保管人验收时发现入库仓储物与约定不符的,应当及时通知存货人。保管人验收后,发生仓储物的品种、数量、质量不符合约定的,保管人应承担仓单损害赔偿责任。

【案例 5-2】 2016 年 5 月,甲公司与乙仓储保管公司就苹果保管签订了仓储合同。入库时,公司未经验收就把苹果存放于仓库中。两个月后,甲公司依约前来提取货物,但在装货时发现其货物有部分已经腐烂,且重量严重不足,共计损失约 3 万元。甲公司与仓储保管公司交涉,该公司认为苹果的腐烂是在入库时就存在的,而不是在仓储期间由于己方的疏忽造成的,己方对此不承担责任。甲公司遂诉至法院,要求乙公司承担违约责任。

问题:保管人未履行验收仓储物义务的法律后果是什么?

3) 给付仓单的义务

给付仓单是保管人的一项重要的合同义务。保管人在接收货物后，根据合同的约定或者存货人的要求，及时向存货人签发仓单。存期届满，根据仓单的记载向仓单持有人交付货物，并承担仓单所明确的责任。保管人根据实际收取的货物情况签发仓单。保管人应根据合同条款确定仓单的责任事项，避免将来向仓单持有人承担超出仓储合同所约定的责任。

4) 妥善保管仓储物的义务

仓储合同性质上为保管合同，并且为有偿合同。因此，保管人应当按照仓储合同的要求，以善良管理人的注意义务对仓储物加以妥善保管。国家对特殊物品的储存操作制定有专门标准的，保管人还须依照这些专门标准履行保管义务。

保管人储存易燃、易爆、有毒、有腐蚀性、有放射性危险物品时，应当具备相应的保管条件(《合同法》第383条第3款)。在储存期间，因保管人保管不善造成仓储物损毁、灭失的，保管人应当承担损害赔偿责任。

5) 同意存货人或仓单持有人检查仓储物或提取样品的义务

保管人根据存货人或仓单持有人的要求，应当同意其检查仓储物或者提取样品，这就是保管人的容忍义务。所谓检查仓储物，是指对仓储物进行检验和核查。存货人或仓单持有人可以进行何种程度的检查，应根据仓库的状况及习惯决定。

提取样品，是存货人或仓单持有人为更彻底地检查仓储物的保管情况或为了在交易中作为货样向他人展示等，而随机抽取部分存储物。存货人或仓单持有人请求样品的提取时，保管人可以请求其交付证明书或请求相当的担保。在存货人或仓单持有人请求对仓储物进行一定的保存行为时，保管人除非有正当理由，应予允许。

6) 危险告知的义务

保管人的危险告知义务是指当仓储物出现危险时，保管人应及时通知存货人或仓单持有人。保管人对入库仓储物发现有变质或者其他损坏的，应当及时通知存货人或仓单持有人。在仓储物的保管过程中，仓储物的变质或损坏的原因主要有以下4点。

(1) 货物本身的性质所致。

(2) 不符合约定的保管条件所致。

(3) 瑕疵本来存在，验收时没有发现。

(4) 其他原因。不管是何种原因造成，也不管这种变质或损坏的情况是谁造成的，都不影响保管人的这种通知义务。

所谓"及时"，应当理解为自保管人发现不良情况后的尽可能短的时间，使损坏不致因时间延误而扩大。如果保管人已尽到妥善管理人的义务而仍未发现仓储物有变质或其他损坏的，则不承担因未通知而产生的损失责任。如果因为保管人的过失未发现仓储物之变质或其他损坏的，保管人应当承担未尽到妥善履行保管义务的违约责任。如果保管人未尽到危险通知的义务，则保管人应对扩大部分的损失承担赔偿责任。

同时，如果保管人发现仓储物的变质或其他损坏，危及其他仓储物的安全和正常保管的，也应当催告存货人或仓单持有人做出必要的处置。根据《合同法》第390条规定,因情况紧急,保管人可以做出必要的处置,但事后应当将情况及时通知存货人或仓单持有人。

7) 返还仓储物的义务

保管人应在约定的时间和地点向存货人或仓单持有人交还约定的仓储物。仓储合同没有明确存期和交还地点的,存货人或仓单持有人可以随时要求提取,保管人应在合理的时间内交还存储物。作为一般仓储合同,保管人在交还仓储物时,应将原物及其滋息、残余物一同交还。

3. 保管人的权利

1) 收取仓储费的权利

仓储费是保管人订立合同的目的,是对仓储物进行保管所获得的报酬,是保管人的合同权利。保管人有权按照合同约定收取仓储费或在存货人提货时收取仓储费。

2) 保管人的提存权利

储存期间届满,存货人或者仓单持有人不提取货物的,保管人可以催告其在合理期限内提取,逾期不提取的,保管人可以提存仓储物。所谓提存,是指债权人无正当理由拒绝接受履行或下落不明,或数人就同一债权主张权利,债权人一时无法确定,致使债务人难以履行债务,经公证机关证明或法院的裁决,债务人可将履行的标的物提交有关部门保存。一经提存即认为债务人已经履行了其义务,债权债务关系即行终止。

债权人享有向提存物的保管机关要求提取标的物请求权,但须承担提存期间标的物损毁灭失的风险并支付因提存所需要的保管或拍卖等费用,且提取请求权自提存之日起5年内不行使而消灭。

提存程序一般来说,首先应由保管人向提存机关呈交提存申请书。在提存申请书上应当载明提存的理由、标的物的名称、种类、数量以及存货人或提单所有人的姓名、住所等内容。其次,仓管人应提交仓单副联、仓储合同副本等文件,以此证明保管人与存货人或提单持有人的债权债务关系。此外,保管人还应当提供证据证明自己催告存货人或仓单持有人提货而对方没有提货,致使该批货物无法交付其所有人。

3) 验收货物的权利

验收货物不仅是保管人的义务,也是保管人的一项权利。保管人有权对货物进行验收,在验收中发现货物溢短,对溢出部分可以拒收,对于短少的有权向存货人主张违约责任。对于货物存在的不良状况,有权要求存货人更换、修理或拒绝接受,否则需如实编制记录,以明确责任。

三、标的和标的物

(一) 标的

仓储保管行为,包括仓储空间、仓储时间和保管要求。合同标的是指合同关系指向的对象,也就是当事人权利和义务指向的对象,即存货人按时交付货物、支付仓储费,保管人给予养护,保管期满,完整归还。因此仓储合同是一种行为合同,一种双方当事人都需要行为的双务合同。

(二) 标的物

仓储物、标的物是标的的载体和表现,如仓储货物的质量、数量完好,说明保管人保管行为良好。本引导案例中的标的物即为家用电器。

作为仓储合同标的物的物品,一般没有太大限制,无论是生产资料还是生活资料,无论是特定物质还是种类物,抑或可分物与不可分物,都可以成为仓储合同的标的物。但是,就不动产而言,它不能成为仓储物,因为仓储保管合同之目的在于对物的安全储存,保管人要在存储期限届至时完好地返还存货人所储存的货物,仓储物若为不动产则无从谈起存储,所以,仓储合同的标的物只能是动产,而不能为不动产。

至于一些易燃、易爆、易腐烂、有毒的危险品等,以及一些易渗漏、超限的特殊货物,只需存货人与保管人在订立仓储合同时约定一些必要的特别仓储事项即可。另外,货币、知识产权、数据、文化等无形资产和精神产品也不能作为标的物。

第二节 仓储合同的订立

一、仓储合同订立的原则

仓储合同的订立,是存货人与保管人之间依双方当事人意思表示而实施的能够引起权利与义务关系发生的民事法律行为。订立仓储合同,应当遵循以下基本原则。

1. 平等原则

平等原则是指作为仓储合同的当事人双方,在法律上地位一律平等。无论谁为存货人,也不论保管人是谁,双方均享有独立的法律人格,独立地表达自己的意思,双方是在平等基础上的利益互换。

2. 公平及等价有偿原则

该项原则原本是一项经济原则,是价值规律的要求。等价有偿原则,要求仓储合同的双方当事人依价值规律来进行利益选择,禁止无偿划拨、调拨仓储物,也禁止强迫保管人或存货人接受不平等利益交换。合同双方都要承担相应的合同义务,享受相应的合同利益。

3. 自愿与协商一致原则

自愿意味着让存货人与保管人完全依照自己的知识、判断去追求自己最大的利益。协商一致是在自愿基础上寻求意思表示一致,寻求利益的结合点。存货人与保管人协商一致的约定,具有与法律同等的约束力。仓储合同的订立只有在协商一致的基础上,才能最充分地体现出双方的利益,从而保证双方的履行约定。

二、仓储合同订立的程序

一般来说,订立合同主要有两个阶段,即准备阶段和实质阶段,实质阶段又包括要约和承诺两个阶段。

(一) 准备阶段

在许多场合,当事人并非直接提出要约,而是经过一定的准备,才考虑订立合同,其中包括接触、预约和预约邀请,其意义在于使当事人双方相互了解,为双方进入实质的缔约阶段(即要约和承诺阶段)创造条件,扫除障碍。

(二) 实质阶段

根据《合同法》的规定,只要存货人与保管人之间依法就仓储合同的有关内容经过要约与承诺的方式达成意思表示一致,仓储合同即告成立,正因为要约与承诺直接关系到当事人的利益,决定合同是否成立,所以称为合同订立的实质阶段。

1. 仓储合同中的要约

要约是指向特定人发出的订立合同的意思表示,发出要约的当事人称为要约人,而要约所指向的当事人则称为受要约人。要约具有两个特点:一是要约的内容必须明确具体,不能含糊其词、模棱两可。对方也不得对要约的内容做出实质性变更,否则视为对方的新要约。二是要约一经受要约人承诺,要约人即受该意思表示的约束,不得因条件的改变面对要约的内容反悔。

在仓储合同中,一般来说,要约的内容至少应当包括以下内容:标的物数量、质量、仓储费用,即使没有具体的数量、质量和仓储费用表述,也可以通过具体的方式来确定这些内容。本章引导案例中要约方神州电器公司向受要约方胜利物流公司发出要约:"由胜利物流公司为神州电器公司储存保管家用电器,保管期限自 2016 年 7 月 10 日至 2017 年 7 月 10 日,仓库租金是全国统一价每月 12 元/m^2,任何一方违约,均需支付违约金 2 万元,如无异议,一周后正式签订合同。"

2. 承诺

承诺是指受要约人做出的同意要约内容的意思表示,承诺必须在要约的有效期限或合理期限内做出,并与要约的内容一致。除受要约人之外的任何第三人所做的承诺不是法律上的承诺,而仅仅是一项要约,就像迟到的承诺只是要约一样。受要约人对要约内容的任何扩充、限制或者其他变更,都只能构成一项新要约,而非有效的承诺。

在仓储合同订立过程中,保管人一经承诺,仓储合同即告成立,且同时生效。也就是说,仓储合同是诺成合同,合同的成立与生效同时发生,该效力的发生基于一个有效的承诺。本章引导案例中,胜利物流公司并无异议,做出了承诺,即表明合同成立。

三、仓储合同的形式

根据《合同法》的规定,合同可以采取书面形式、口头形式或其他形式,因而仓储合同也可以采用书面形式、口头形式或者其他形式,订立仓储合同的要约、承诺也可以是书面形式、口头形式或者其他形式。

签订仓储保管合同应尽量使用全国统一的合同示范文本,或统一规范的仓单。

签订仓储合同一般应具备下列条款。

(1) 管人和存货人名称或姓名、住所;
(2) 仓储物的品名、品种、规格、数量、质量、件数及标记;
(3) 验收项目及验收方法;
(4) 入库、出库手续;
(5) 仓储物的损耗标准;

(6) 储存场所及保管方法；
(7) 储存的时间；
(8) 仓储费的支付；
(9) 货物的包装要求；
(10) 仓储物已经办理保险的,其保险金额、期间以及保险公司的名称；
(11) 合同或存单签发人、签发地和签发日期；
(12) 违约责任；
(13) 合同纠纷解决方式；
(14) 其他要说明的问题。

四、仓储合同的主要内容

仓储合同的内容,又称仓储合同的主要条款,是经存货人和保管人双方协商一致订立的,规定双方的主要权利和义务的条款,同时也是检验合同的合法性、有效性的重要依据,下面就仓储合同的主要内容做出简要介绍。

1. 存货人、保管人的名称和地址

合同当事人是履行合同的主体,需要承担合同责任,需要采用完整的企业注册名称和登记地址,或者主办单位地址。主体为个人的必须明示个人的姓名和户籍地或常住地(临时户籍地)。有必要时可在合同中增加通知人,但通知人不是合同当事人,仅仅履行通知当事人的义务。

2. 货物的品名或品类

双方当事人必须在合同中对货物的品名和品类做出明确详细的规定。如果存放的是易燃、易爆、易渗漏、有毒等危险货物或易腐、超限等特殊货物,还必须在合同中加以特别注明。

3. 货物的数量、质量、包装

在此条款中,货物的数量应使用标准的计量单位,计量单位应准确到最小的计量单位;货物的质量应使用国家或有关部门规定的质量标准,也可以使用经批准的企业或行业标准。在没有上述质量标准时,可以由存货人与保管人在仓储合同中自行约定质量标准。如果双方在仓储合同中没有约定质量标准,则依《合同法》第61条,可以协议补充,不能达成补充协议的,按照合同有关条款或者交易习惯确定。

至于货物的包装,一般由存货方负责,有国家或专业标准的,按照国家或专业标准执行;没有国家或专业标准的,应根据货物的性能和便于保管、运输的原则由保管人与存货人双方约定。

4. 货物验收的内容、标准、方法、时间

验收存货人的货物是保管人的义务和责任,合同中应明确约定验收的内容、标准。

5. 货物保管条件和保管要求

合同双方当事人应根据货物性质、要求的不同,在合同中明确规定保管条件。保管人如因仓库条件所限,不能达到存货人要求,则不能接受。对某些比较特殊的货物,如易燃、易爆、易渗漏、有毒等危险物品,保管人保管时,应当有专门的仓库、设备,并配备有专业技术知识的人负责管理。

6. 货物入出库手续、时间、地点、运输方式

仓储合同的当事人双方,应当重视货物入库环节,防止将来发生纠纷。因此在合同中要明确入库应办理的手续、理货方法、入库的时间和地点,以及货物运输、装卸搬运的方式等内容。

出库时间由仓储合同的当事人双方在合同中约定,当事人对储存期间没有约定或者约定不明确的,存货人可以随时提取仓储物,保管人也可以随时要求存货人提取仓储物,但是应当给予必要的准备时间。另外,提货时应办理的手续、验收的内容、标准、方式、地点、运输方式等也要明确。

7. 货物损耗标准和损耗的处理

储物的损耗标准是指货物在储存过程中,由于自然原因(如干燥、风化、散失、挥发、黏结等)和货物本身的性质等原因,不可避免地要发生一定数量的减少、破损,而由合同当事人双方事先商定一定的货物自然减量标准和破损率等。在确定仓储物的损害标准时,要注意易腐货物的损耗标准应该高于一般货物的损耗标准。

8. 计费项目、标准和结算方式、银行、账号、时间

计算项目和计算标准是最终计算保管人收取的仓储费用的根据,只有明确了计费项目和计费标准,才能准确地确定存货人的支付义务。计算项目包括保管费、转仓费、出入库装卸搬运费、车皮、站台、包装整理、商品养护等费用。此条款除了明确上述费用由哪一方承担外,还应对下列项目做出明确规定:计算标准、支付方式、支付时间、地点、开户银行、账号等。

9. 责任划分和违约处理

仓储合同可以从货物的入库、验收、保管、包装、出库五个方面明确双方当事人的责任。同时双方应约定,什么性质的违约行为承担什么性质的违约责任,并且明确约定承担违约责任的方式,即支付违约金、赔偿金及赔偿实际损失等,约定赔偿金的数额和计算方法。

10. 合同的有效期限

合同的有效期限即货物的保管期限。合同的有效期限长短,也与货物本身的有效储存期有关。所谓有效储存期,是指某些货物由于本身的特性不能长时间存放,例如,药品、胶卷、化学试剂等,一般都注明了有效使用期限。根据有效使用期限确定的储存保管期限,称为有效储存期。

11. 变更和解除合同的期限

仓储合同的当事人如果需要变更或解除合同,必须事先通知另一方,双方一致即可变更或解除合同。变更或解除合同的建议和答复,必须在法律规定或者合同约定的期限内提出。如果发生了法律或合同中规定的可以单方变更或解除合同的情形,那么,拥有权利的一方可以变更或解除合同。

五、仓储合同的生效与无效

(一) 生效

仓储合同为承诺性合同,在合同成立时就生效。仓储合同生效的条件为合同成立,具体表现：双方签署合同书；合同确认书送达对方；受要约方的承诺送达对方；公共保管人签发格式合同或仓单；存货人将仓储物交付保管人，保管人接收。

无论仓储物是否交付存储，仓储合同自成立时生效。仓储合同生效后，发生的存货人未交付仓储物、保管人不能接收仓储物都是仓储合同的未履行，由责任人承担违约责任。本情境中，仓储合同已经签订，属有效合同。

（二）无效

无效仓储合同是指仓储合同虽然已经订立，但是因为违反了法律、行政法规或者公共利益，而被确认为无效。无效仓储合同具有违法性、不得履行性、自始无效性、当然无效性等特征。合同无效由人民法院或仲裁机构、工商行政机关认定，可以认定为合同整体无效或部分无效，可以采取变更或撤销的方式处理。合同无效可以在合同订立之后、履行之前、履行之中或者履行之后认定。

常见的无效仓储合同主要有以下几种形式。

1. 一方以欺诈、胁迫手段订立合同，损害国家利益的仓储合同

欺诈的基本含义就是故意把不真实的情况作为真实情况来表示，或者故意隐瞒真实情况。而胁迫则是以损害相威胁，迫使仓储合同的另一方当事人与自己订立合同。

需要强调指出的是，仓储合同的一方当事人以欺诈、胁迫手段订立仓储合同，必须是在损害了国家利益的前提下才为无效。至于欺诈、胁迫订立的合同不损害国家利益的情形下，仓储合同则仅为可变更或可撤销合同。

2. 恶意串通，损害国家、集体或者第三人利益的仓储合同

仓储合同中的恶意串通是指存货人与保管人非法串通在一起，合谋订立仓储合同而使国家、集体、第三人利益受到损害。所谓恶意，是存货人与保管人明知或者应当知道自己的行为将给国家、集体或第三人造成损害，而故意行为。

所谓相互串通，是指存货人与保管人都是基于共同的目的，而希望通过订立仓储合同而损害国家、集体或者第三人利益，而且存货人与保管人相互配合、共同实施。

3. 以合法形式掩盖非法目的的仓储合同

以合法形式掩盖非法目的的仓储合同是指存货人与保管人通过订立仓储合同的形式来掩盖彼此间非法目的，即以形式上的合法来掩盖某种不合法的真正目的。

4. 损害社会公共利益的仓储合同

社会公共利益在民法上又称为公序良俗、公共秩序。各国立法均从原则上确定了违反公序良俗或者公共秩序的合同无效。仓储合同也不例外。仓储合同遵循公共秩序和善良风俗原则，对于维护国家和社会的一般利益及社会道德观念具有重要价值。

例如，尸体应当存储于火葬场或医院的停尸房，这是基本的约定俗成，如果普通冷库与他人订立储存尸体的合同，则该合同因违背善良风俗而无效。

无效仓储合同无论什么时候认定，都是自始无效，也就是说因无效合同所产生的民事关系无效。依法采取返还财产或折价赔偿、赔偿损失、追缴财产等方式是因无效合同所产生的利益消亡，对造成合同无效方给予处罚。

第三节　仓储合同管理

一、仓储合同的转让、变更、解除和终止

(一) 仓储合同的转让

仓储合同转让是指仓储合同的一方当事人依法将其合同权利义务全部或部分转让给合同以外的第三人，即合同主体的变更，而合同的客体和内容都不发生变化。仓储合同转让可以分为全部转让和部分转让；债权转让和债务转让。

(二) 仓储合同的变更

仓储合同的变更是指对已经合法成立的仓储合同的内容在原来合同的基础上进行修改或者补充。仓储合同的变更并不改变原合同关系，是原合同关系基础上的有关内容的修订。仓储合同的变更应具备下列条件。

(1) 原仓储合同关系的客观存在，仓储合同的变更并不发生新的合同关系，变更的基础在于原仓储合同的存在以及其实质内容的保留。

(2) 存货人与保管人必须就合同变更的内容达成一致。

(3) 仓储合同的变更协议必须符合民事法律行为的生效要件。

仓储合同的变更程序类同于合同订立程序，即先由一方发出要约，提出变更之请求，另一方做出承诺，双方意思表示一致，变更成立。但是，受变更要约的一方必须在规定的期限内答复，这是与普通要约的不同之处。

仓储合同变更后，被变更的内容即失去效力，存货人与保管人应按变更后的合同来履行义务，变更对于已按原合同所做的履行无溯及力，效力只及于未履行的部分。任何一方当事人不得因仓储合同的变更而要求另一方返还在此之前所做的履行。仓储合同变更后，因变更而造成对方损失的，责任方应当承担损害赔偿责任。

(三) 仓储合同的解除

仓储合同的解除是指仓储合同订立后，在合同尚未履行或者尚未全部履行时，一方当事人提前终止合同，从而使原合同设定的双方当事人的权利义务归于消灭。它是仓储合同终止的一种情形。

1. 仓储合同解除的方式

(1) 存货人与保管人协议解除合同。存货人与保管人协议解除合同是指双方通过协商或者通过行使约定的解除权而导致仓储合同的解除。因此，仓储合同的协议解除又可以分为事后协议解除和约定解除两种。

(2) 仓储合同依法律的规定而解除。仓储合同的法定解除是指仓储合同有效成立后，在尚未履行或尚未完全履行之前，当事人一方行使法律规定的解除权而使合同权利义务关系终止，合同效力消灭。仓储合同一方当事人所享有的这种解除权是由法律明确规定的，只要法律规定的解除条件成立，依法享有解除权的一方就可以行使解除权，而使仓储合同关系归于消灭。

根据《合同法》第 94 条的规定,仓储合同法定解除的条件如下。

① 因不可抗力致使合同的目的不能实现。如地震、台风、洪水、战争等毁坏了仓库或仓储物,使物之储存与保管成为不可能。

② 一方当事人将预期违约,即仓储合同的一方当事人在履行期间,明确表示或者以自己的行为表示将不履行主要义务,另一方当事人的合同目的将不能实现,在此情形下,合同目的将不能实现的一方享有解除权。

③ 仓储合同的一方当事人迟延履行主要义务,经催告后在合理期限内仍未履行,另一方当事人享有合同解除权。

④ 仓储合同的一方当事人迟延履行义务或者有其他违约行为,致使合同的目的不能实现。在此情形下,另一方当事人可以行使解除权,使仓储合同关系归于消灭。

上述 4 项条件,是法律规定的仓储合同解除条件,只要符合上述条件中任何一项,仓储合同的一方当事人就可以行使解除权,使仓储合同关系归于消灭。

2. 仓储合同解除的程序

仓储合同中享有解除权的一方当事人在主张解除合同时,必须以通知的形式告知对方当事人。只要解除权人将解除合同的意思表示通知对方当事人,就可以发生仓储合同即时解除的效力,无须对方当事人答复,更无须其同意,对方有异议的,可以请求法院或者仲裁机构确认解除合同的效力,即确认行使解除权的当事人享有合同解除权。

原则上仓储合同的解除权人应以书面形式发出通知,便于举证自己已经尽了通知之义务。仓储合同的解除权人应当在法律规定或者与另一方当事人约定的解除权行使期限内行使解除权,否则,其解除权将归于消灭。

在仓储合同中,除非有特别约定,仓储物所有权并不发生移转,所以仓储合同的解除是没有溯及力的。

(四)仓储合同的终止

仓储合同的终止是指当事人之间因仓储合同而产生的权利义务关系,由于某种原因而归于消灭,不再对双方具有法律约束力。

二、仓储合同违约责任和免责

仓储合同的违约责任是指仓储合同的当事人,因自己的过错不履行合同或履行合同不符合约定条件时所应承担的法律责任。本章引导案例中,神州电器公司没有履行仓储合同,应当承担违约责任。

(一)仓储合同违约行为的表现形式

1. 拒绝履行

拒绝履行是指仓储合同的义务一方当事人无法律或约定根据而不履行义务的行为。仓储合同不履行的表现,不以明示为限,单方毁约、没有履行义务的行为、将应当交付的仓储物作其他处分等,均可以推断为不履行义务的表现。

如存货人在储存期届满时,保管人履行了储存与保管义务后,不支付仓储费;保管人在约定的期限内不返还仓储物或将仓储物挪作他用等。如果仓储合同的义务人拒绝履行义务,权利人有权解除合同;给权利人造成损失的,权利人有权请求义务人赔偿其损失。

2. 履行不能

仓储合同的履行不能是指当事人应履行义务的一方无力按合同约定的内容履行义务。履行不能可能由于客观原因不能履行,如仓储物因毁损、灭失而不能履行;也可能是由于主观过错而不能履行义务,如保管人将仓储物返还给存货人。

履行不能的情况自仓储合同成立时就已经存在的,则为原始不能;如果是在合同关系成立以后才发生的,则为嗣后不能,如仓储物于交付前灭失。如果仓储物只灭失部分,则为部分不能;如果全部灭失的,则为全部不能。由于自己的原因而不能履行义务的,为事实上的不能;由于法律上的原因而不能履行义务的,为法律上的不能。

3. 履行迟延

因可归责于义务人的原因,未在履行期内履行义务的行为,为履行迟延。在仓储合同中,保管人未在合同规定的期限内返还仓储物,存货人未按时将货物入库,未在约定的期限内支付仓储费用等行为均属于履行迟延。履行迟延具有以下特征。

(1) 义务人未在履行期限内履行义务。

(2) 义务人有履行能力,如果义务人无履行能力,则属于履行不能。

(3) 其行为具有违法性。义务人履行迟延,经催告后在合同期限内未履行,权利人可以解除合同、请求义务人支付违约金和赔偿损失。

4. 履行不适当

履行不适当,即未按法律规定、合同约定的要求履行的行为。在仓储合同中,在货物的入库、验收、保管、包装、货物的出库等任何一个环节未按法律规定或合同的约定去履行,即属不适当履行。由于履行不适当不属于真正的履行,因此作为仓储合同权利主体的一方当事人,可以请求补正,要求义务人承担违约责任,支付违约金并赔偿损失,此外,还可以根据实际情况要求解除合同。

(二) 仓储合同的违约责任及其承担方式

仓储合同的违约责任是指仓储合同的当事人在存在仓储违约行为时所应该依照法律或者双方的约定而必须承担的民事责任。通过法定的和合同约定的违约责任的承担,增加违约成本,弥补被违约方的损失,减少违约的发生,有利于市场的稳定和秩序。

违约责任往往以弥补对方的损失为原则,违约方需对对方的损失,包括直接造成的损失和合理预见的利益损失给予弥补。违约责任的承担方式有支付违约金、损害赔偿、继续履行、采取补救措施等。

1. 支付违约金

违约金是指一方违约应当向另一方支付的一定数量的货币。从性质上而言,违约金是"损失赔偿额的预定",具有赔偿性,同时,又是对违约行为的惩罚,具有惩罚性。在仓储合同中,赔偿性违约金是指存货人与保管人对违反仓储合同可能造成的损失而做出的预定的赔偿金额。

当一方当事人违约给对方当事人造成某种程度的损失,而且这种数额超过违约金数额时,违约的一方当事人应当依照法律规定实行赔偿,以补足违约金不足部分。惩罚性违约金是指仓储合同的一方当事人违约后,不论其是否给对方造成经济损失,都必须支付的违约金。

2. 损害赔偿

损害赔偿是指合同的一方当事人在不履行合同义务或履行合同义务不符合约定的情形下,在违约方履行义务或者采取其他补救措施后,在对方还有其他损失时,违约方承担赔偿损失的责任。作为承担违反合同责任的形式之一,损害赔偿最显著的性质特征即为补偿性。

在合同约定有违约金的情况,损害赔偿的赔偿金是用来补偿违约金的不足部分,如果违约金已能补偿经济损失,就不再支付赔偿金。但是如果合同没有约定违约金,只要造成了损失,就应向对方支付赔偿金。由此可见,赔偿金是对受害方实际损失的补偿,是以弥补损失为原则的。

3. 继续履行

继续履行是指一方当事人在不履行合同时,对方有权要求违约方按照合同规定的标的履行义务,或者向法院请求强制违约方按照合同规定的标的履行义务,而不得以支付违约金和赔偿金的办法代替履行。

通常来说,继续履行有下列的构成要件。

(1) 仓储合同的一方当事人有违约行为。

(2) 违约一方的仓储合同当事人要求继续履行。

(3) 继续履行不违背合同本身的性质和法律。

(4) 违约方能够继续履行。

在仓储合同中,要求继续履行作为非违约方的一项权利是否需要继续履行,取决于仓储合同非违约一方的当事人,他可以请求支付违约金、赔偿金,也可以要求继续履行。

4. 采取补救措施

所谓补救措施,是指在违约方给对方造成损失后,为了防止损失的进一步扩大,由违约方依照法律规定承担的违约责任形式。如仓储物的更换、补足数量,等等。从广义而言,各种违反合同的承担方式,如损害赔偿、违约金、继续履行等,都是违反合同的补救措施,它们都是使一方当事人的合同利益在遭受损失的情况下能够得到有效的补偿与恢复。

因此,这里所称的采取补救措施仅是从狭义上而言,是上述补救措施之外的其他措施。在仓储合同中,这种补救措施表现为当事人可以选择偿付额外支出的保管费、保养费、运杂费等方式,一般不采取实物赔偿方式。

5. 定金惩罚

定金是《中华人民共和国担保法》规定的一种担保方式。在订立合同时,当事人可以约定采用定金来担保合同的履行。在履行前,由一方向另一方先行支付定金,在合同履行完毕,收取定金一方退还定金或者抵作价款。合同未履行时,支付定金一方违约的,定金不退还;收取定金一方违约的,双倍退还定金。

定金不得超过合同总金额的20%,同时有定金和违约金约定的,当事人只能选择其中一种履行。本章引导案例中未采用定金方式担保合同的履行。

(三) 仓储合同违约责任的免除

违约责任的免除是指一方当事人不履行合同或法律规定的义务,致使对方遭受损失,由于不可归责于违约方的事由,法律规定违约方可以不承担民事责任的情形。仓储合同违约责任的免除有以下几种情况。

1. 因不可抗力而免责

所谓不可抗力,是指当事人不能预见、不能避免并且不能克服的客观情况。它包括自然灾害和某些社会现象,前者如火山爆发、地震、台风、冰雹等,后者如战争、罢工等。

另外,在不可抗力发生以后,作为义务方必须采取以下措施才可以免除其违约责任。

(1)应及时采取有效措施,防止损失的进一步扩大,如果未采取有效措施,防止损失的进一步扩大,无权就扩大的损失要求赔偿。

(2)发生不可抗力事件后,应当及时向对方通报不能履行或延期履行合同的理由。

(3)发生不可抗力事件后,应当取得有关证明,遭受不可抗力的当事人一方应当取得有关机关的书面证明材料,证明不可抗力的发生以及其对当事人履行合同的影响。

2. 因自然因素或货物本身的性质而免责

货物的储存期间,由于自然因素,如干燥、风化、挥发、锈蚀等或货物(含包装)本身的性质如易碎、易腐、易污染等,导致的损失或损耗,一般由存货人负责,保管方不承担责任。

例如,我国原内贸部发布的《国家粮油仓库管理办法》中规定,一般粮食保管自然损耗率(即损耗量占入库量的百分比)为保管时间在半年以内的,不超过 0.10%;保管时间在半年以上至 1 年的,不超过 0.15%;保管时间在 1 年以上直至出库,累计不超过 0.20%。因此在此范围内的损耗属于合理损耗,保管人对此不承担任何责任。

3. 因存货人的过错而免责

在仓储合同的履行中,由于存货人对于损失的发生有过错的,如包装不符合约定、未能提供准确的验收资料、隐瞒和夹带、存货人的错误指示和说明等,根据受害人过错的程度,可以减少或者免除保管人的责任。

4. 合同约定的免责

基于当事人的利益,双方在合同约定免责事项,对免责事项造成的损失,不承担相互赔偿责任。如约定货物入库时不验收重量,则保管人不承担重量短少的赔偿责任;约定不检查货物内容质量的,保管人不承担非作业保管不当的内容变质损坏责任。

三、仓储合同纠纷的解决

仓储合同纠纷是指当事人双方在合同订立后至完全履行之前,因对仓储合同的履行情况,对合同不履行或不完全履行的后果以及合同条款理解不同而产生的争议。仓储合同纠纷的解决方式主要有以下四种。

1. 协商解决

仓储合同纠纷的协商解决是指在发生合同纠纷之后,当事人双方根据自愿原则,按照国家法律、行政法规的规定和合同的约定,在互谅互让的基础上,自行解决合同纠纷的一种方式。在实践中,协商解决合同纠纷是最常见、最普遍的一种解决合同纠纷的办法。

2. 调解解决

仓储合同纠纷的调解解决是指调解人应仓储合同纠纷当事人的请求,根据有关法律的规定和合同的约定,就双方当事人的合同纠纷对双方当事人进行说服教育,以使双方当事人在互谅互让的基础上达成协议,解决合同纠纷。

3. 仲裁解决

仓储合同纠纷的仲裁是指仓储合同纠纷的当事人根据有关法律的规定,以协议的方式自愿将合同争议提交仲裁机关,由仲裁机关按照一定程序进行调解或裁决,从而解决合同争议的法律制度。

4. 诉讼解决

合同纠纷发生后,当事人协商、调解不成,合同中也没有订立仲裁条款,或者事后没有达成书面仲裁协议,均可以直接向人民法院起诉,通过人民法院的审判活动,使合同纠纷最终得到公正合理的解决,一般而言,仓储合同纠纷由各级人民法院的经济审判庭按照《中华人民共和国民事诉讼法》所规定的程序进行审理。

合同约定发生纠纷时先双方协商解决,协商不成,任何一方可向人民法院提起诉讼。

四、仓单

(一) 仓单的概念

所谓仓单,是指由保管人在收到仓储物时向存货人签发的表示已经收到一定数量的仓储物的法律文书。仓单,既是存货人已经交付仓储物的凭证,又是存货人或者持单人提取仓储物的凭证,因此,仓单实际上是仓储物所有权的一种凭证。同时,仓单在经过存货人的背书和保管人的签署后可以转让,任何持仓单的人都拥有向保管人请求给付仓储物的权利,因此,仓单实际上又是一种以给付一定物品为标的的有价证券。

(二) 仓单的法律性质

1. 仓单的效力

由于仓单上所记载的权利义务与仓单密不可分,因此,仓单有以下效力。

(1) 受领仓储物的效力。保管人一经签发仓单,不管仓单是否由存货人持有,持单人均可凭仓单受领仓储物,保管人不得对此提出异议。

(2) 转移仓储物所有权的效力。

2. 仓单的性质

仓单上所记载的仓储物,只要存货人在仓单上背书并经保管人签字或者盖章,提取仓储物的权利即可发生转让。

(1) 仓单是要式证券。仓单上必须记载保管人的签字以及必要条款,以此来确定保管人和存货人各自的权利与义务。

(2) 仓单是物权证券。仓单持有人依仓单享有对有关仓储物品的所有权,行使仓单上载明的权利或对权利进行处分。实际占有仓单者可依仓单所有权请求保管人交付仓单上所载的储存物品。

(3) 仓单是文义证券。仓单上的权利义务的范围,以仓单的文字记载为准,即使仓单上记载的内容与实际不符,保管人仍应按仓单上所载条款履行责任。

3. 仓单的内容

仓单包括下列事项。

(1) 保管人的签字或者盖章。
(2) 存货人的名称及住所。
(3) 仓储的品种、数量、质量、包装、件数和标记等物品状况,以便作为物权凭证,代物流通。
(4) 仓储物的损耗标准。
(5) 储存场所和储存期。
(6) 仓储费及仓储费的支付与结算事项。
(7) 若仓储物已经办理保险的,仓单中应写明保险金额、保险期间及保险公司的名称。
(8) 仓单的填发人、填发地和填发的时间。

本章小结

1. 仓储合同基本知识。仓储合同,又称仓储保管合同,是保管人储存存货人交付的仓储物,存货人支付仓储费的合同。仓储合同双方当事人分别为存货人和保管人。

2. 仓储合同的订立,包括仓储合同订立的原则、仓储合同订立的程序、仓储合同的形式、仓储合同主要内容。

3. 仓储合同管理包括仓储合同的生效与无效、仓储合同的转让、变更、解除和终止,仓储合同违约责任和免责,仓储合同纠纷的解决。仓单的法律性质。

1. 工作目标

学生能够发出要约,能够对要约进行承诺;进而对仓储合同的各主要条款进行洽谈,从而签订仓储合同。存货人交付仓储物后,能进行仓单的签发,并在仓储物仓储过程中进行妥善的保管,当出现意外事件时能够进行相关处理。

2. 工作准备

(1) 掌握仓储合同相关知识和方法,熟悉合同的仓单的条款和法律意义。
(2) 将全班学生分组,每组 5~10 人,分别扮演存货方和保管方。
(3) 时间安排 4 学时。

3. 工作任务

(1) 存货方与保管方进行要约与承诺。
学生扮演的存货方和保管方模拟洽约过程,由存货方向保管方提出订立仓储保管合同的建议和要求,保管方对此做出承诺。
(2) 双方制定物流仓储合同条款并签订合同。
模拟存货人和保管人双方,确定标的物,对合同条款进行谈判,并签订仓储合同。
(3) 仓储公司对仓储物保管。
仓储公司保管人对仓储物进行妥善保管。
(4) 仓单的制作。

 **阅读案例**

(1) 基本案情。

赵某与某仓储公司就雪梨签订仓储合同。赵某依约将雪梨运至仓储公司,入库验收后,赵某即去出差接洽雪梨的销路。40 天合同到期后,仓储公司发现有的雪梨已经腐烂,采取多种途径与赵某联系,但一直联系不上。仓储公司决定卖掉水果,最后共得 12 000 元。赵某返回,要求仓储公司返还 12 000 元,并要求赔偿差价损失 1000 元。双方争执不休,赵某遂诉至法院。

(2) 问题:仓储合同期限届满后,保管人是否负有仓单危险通知义务和紧急情况处理义务?

(3) 判决:法院判决被告可以在扣除 1000 元费用后,将剩余的 11 000 元返还给原告。

(4) 法理分析。

本案的关键在于合同期限已过,保管人是否负有诸如仓单危险通知、催告或紧急情况处理义务?答案是肯定的,只要仓储物在保管人控制之下,无论合同期限是否届满,均不影响保管人本身对仓储物的各项义务。因为《合同法》并未规定通知、催告或紧急情况处理义务之行使必须在合同约定的存储期限之内行使,因此虽然合同所定之仓储期限已过,保管人仍负有此义务。

本案中被告依法履行了通知义务后,若不及时处理已开始腐烂的雪梨,有可能损及其他仓储物的保管,并且可能加剧存货人的损失,这完全符合《合同法》第 390 条规定的紧急情况。在这种情况下,为避免损失进一步扩大,保管人得进行必要处理,即被告变卖水果是合理的,并且有权要求原告支付变卖水果所支出的必要费用。

另外,合同到期后,被告有权通知并催告原告前来领取仓储物,但原告未按期领取仓储物,应仓单逾期提货的违约责任,即支付超期的仓储费。因此,被告可将变卖水果所得款项,在扣除超期仓储费和必要变卖费用后,将余款返还给原告。

(资料来源:2017 年司法考试题库)

思考练习

(1) 仓储合同的内容有哪些?

(2) 仓储业务中保管人和存货方的权利与义务分别是什么?

(3) 仓储合同订立的原则与程序是什么?

第六章

仓储配送管理

【知识目标】
(1) 了解配送的概念、特点与配送的作业过程。
(2) 掌握配送中心类别与作用,掌握配送中心的作业流程。

【技能目标】
(1) 熟悉配送中的进货与订单处理作业。
(2) 能够制订配送作业方案。

【引导案例】

上海新华传媒物流中心

上海新华传媒物流中心的经营项目主要是图书配送,该中心建筑面积30 000m²,物流系统采用高度信息化和适度自动化相结合的方式:一方面,集成化的图书供应链一体化管理系统和物流管理系统有机结合,实现了商流、物流、资金流的高度集成;另一方面,现代化的拣选、输送和分拣系统,使物流中心的各个作业环节和作业过程井然有序,高效流畅。

上海新华传媒物流中心位于上海市闸北区沪太路和汶水路交汇处,紧邻中环线,地理位置十分优越。该项目占地总面积38亩,建筑面积36 000m²,其中物流中心30 000m²,总投资1.3亿元,其中物流系统及设备投资4000万元。系统设计能力年配送40亿码洋,其中,一般图书26亿码洋,一般图书退货4亿码洋,教材4亿码洋,音像制品3亿码洋,文教用品3亿码洋。

物流系统共由五个子系统构成,分别是教材处理系统;一般图书处理系统;一般图书销退处理系统;音像处理系统;文教用品处理系统。

上海新华传媒物流中心通过广泛应用电子标签和 RF 无线技术,结合自动分拣与自动输送系统,实现了无纸化与部分自动化作业,大大提高了作业效率与准确率。同时,物流中心特别强调了信息化建设,采用了世界著名的仓储管理系统 INFOR SSA 4000 实现统一的库存管理,该系统与企业 ERP 系统共同构成了新华传媒的信息系统。

值得一提的是,在物流中心信息系统建设的同时,上海新华传媒物流中心还进行了商流系统的建设。尽管难度很大,但实际运行结果表明,上海新华传媒物流中心信息化建设获得了巨大成功。位于物流中心的主机房主要有 4 台高端小型机服务器和大容量磁盘柜,组成双机热备份系统,负责商流和物流业务,目前在国内还是不多见。

由于采用了多项先进的信息技术与物流技术,集成一体化成为该中心物流系统的突出特点,其中包括物流、信息流、资金流一体化,图书、教材、音像、文教用品退货一体化,图书到货、翻理、编目、入库一体化,图书添配、直配拣选和打包,复核一体化,以及图

第一节　配送与配送中心

一、配送

(一) 配送的概念

中国国家标准《物流术语》中将配送定义为在经济合理区域范围内,根据用户的要求,对物品进行拣选、加工、包装、分割、组配等作业,并按时送达指定地点的物流活动。

> 小贴士
>
> 事实上,从配送活动的实施过程上看,配送包括两个方面的活动:"配"是对货物进行集中、分拣和组配;"送"是以各种不同的方式将货物送达指定地点或用户手中。

配送作为一种特殊的物流活动方式,几乎涵盖了物流中所有的要素和功能,是物流的一个缩影或某一范围内物流全部活动的体现。一般来说,配送是在整个物流过程中的一种既包含集货、储存、拣货、配货、装货等一系列狭义的物流活动,也包括输送、送达、验货等以送货上门为目的的商业活动,它是商流与物流紧密结合的一种特殊的综合性供应链环节,也是物流过程的关键环节。

由于配送直接面对消费者,最直观地反映了供应链的服务水平,所以,配送"在恰当的时间、地点,将恰当的商品提供给恰当的消费者"的同时,也应将优质的服务传递给客户,配送作为供应链的末端环节和市场营销的辅助手段,日益受到重视。

(二) 配送的特点

1. 配送是一种末端物流活动

配送的对象是零售商或客户(包括单位客户、消费者),因此配送处于供应链的末端,

是一种末端物流活动。

2. 配送是"配"和"送"的有机结合

配送的主要功能是送货,科学、经济的送货以合理配货为前提。即送货达到一定的规模,可以更有效地利用运输资源,才产生了配送。少量、偶尔的送货不能说是配送。

3. 配送是以客户的需求为出发点

配送是从客户利益出发,按客户的需求进行的一种活动,体现了配送服务性的特征。配送的时间、数量、各种规格都必须按照客户的需求进行,以客户满意为最高目标。

4. 配送是物流活动和商流活动的结合

配送作业的起点是集货,必然包括订货、交易等商流活动。在买方市场占优势的现代社会,由于商流组织相对容易,故配送被视作一种以物流活动为主的业务形式。

5. 配送是一种综合性物流活动

配送过程包含采购、运输、储存、流通加工、信息处理等多项物流活动,是一种综合性很强的物流活动。

(三) 配送的基本作业流程

配送的一般作业流程,如图 6-1 所示。

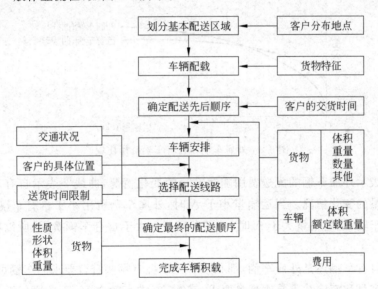

图 6-1 配送的基本作业流程

1. 划分基本配送区域

为使整个配送有一个可循的基本依据,应首先将客户所在地的具体位置做系统的统计,并将其做区域上的整体划分,将每一客户囊括在不同的基本配送区域之中,以作为下一步决策的基本参考。如按行政区域或依交通条件划分不同的配送区域,在这一区域划分的基础上再作弹性调整来安排配送。

2. 车辆配载

由于配送货物品种、特性各异,为提高配送效率,确保货物质量,必须首先对特性差异大的货物进行分类。在接到订单后,将货物依特性进行分类,分别采取合理的配送方式和运输工具,如按冷冻食品、速食品、散装货物、箱装货物等分类配载;其次,配送货物也有轻重缓急之分,必须初步确定哪些货物可配于同一辆车,哪些货物不能配于同一辆车,以做好车辆的初步配装工作。

3. 确定配送先后顺序

在考虑其他影响因素,做出确定的配送方案前,应先根据客户订单要求的送货时间将配送的先后作业顺序做一总体的预定,为后面车辆限载量做好准备工作。计划工作的目的,是为了保证达到既定的目标,所以,预先确定基本配送顺序可以既有效地保证送货时间,又可以尽可能地提高运作效率。

4. 车辆安排

车辆安排要解决的问题是安排什么类型、吨位的配送车辆进行最后的送货。一般企业拥有的车型有限,车辆数量也有限,当本公司车辆无法满足要求时,可使用外雇车辆。在保证配送运输质量的前提下,是组建自营车队,还是以外雇车辆为主,则须视经营成本而定,具体如图 6-2 所示。

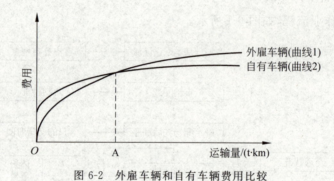

图 6-2 外雇车辆和自有车辆费用比较

曲线 1 表示外雇车辆的配送费用随运输量的变化情况,曲线 2 表示自有车辆的配送费用随运输量的变化情况。当运输量小于 A 时,外雇车辆费用小于自有车辆费用,所以应选用外雇车辆;当运输量大于 A 时,外雇车辆费用大于自有车辆费用,所以应选用自有车辆。

但无论自有车辆还是外雇车辆,都必须事先掌握有哪些符合要求的车辆可供调派,即这些车辆的容量和额定载重是否满足要求;其次,安排车辆之前,还必须分析订单上货物的信息,如体积、重量、数量等对于装卸的特别要求等,综合考虑各方面因素的影响,做出最合适的车辆安排。

5. 选择配送线路

知道了每辆车负责配送的具体客户后,如何以最快的速度完成对这些货物的配送,即如何选择配送距离短、配送时间短、配送成本低的线路,这需根据客户的具体位置、沿途的交通情况等做出优先选择和判断。

除此之外,还必须考虑有些客户所在地点环境对送货时间、车型等方面的特殊要求,如有些客户不在中午或晚上收货,有些道路在某高峰期实行特别的交通管制等。

6. 确定最终的配送顺序

做好车辆安排及选择好最佳的配送线路后,依据各车负责配送的具体客户的先后,确定客户的最终配送顺序。

7. 完成车辆积载

明确了客户的配送顺序后,接下来就是如何将货物装车,以什么顺序装车的问题,即车辆的积载问题。原则上,知道了客户的配送先后顺序,只要将货物依"后送达先装载"的顺序装车即可。但有时为了有效利用空间,可能还要考虑货物的性质(怕震、怕压、怕撞、怕湿)、形状、体积及重量等做出适当调整。此外,对于货物的装卸方法也必须依照货物的性质、形状、重量、体积等来做具体决定。

二、配送中心

(一) 配送中心的基本含义

中华人民共和国国家标准《物流术语》中关于配送中心的定义:从事配送业务的物流场所或组织,应基本符合下列要求:①主要为特定的用户服务;②配送功能健全;③完善的信息网络;④辐射范围小;⑤多品种、小批量;⑥以配送为主,储存为辅。

配送中心是集多种流通功能(商品分拣、加工、配装、运送等)于一体的物流组织,是利用先进的物流技术和物流设备开展业务活动的大型物流基地。

传统企业在没有配送中心的情况下,物流通路混杂,如图 6-3 所示。在建立配送中心以后,尤其是大批量、社会化、专业化配送中心建立以后,物流配送的局面就显得非常合理和有序,物流通路简洁,如图 6-4 所示。

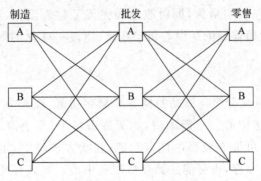

图 6-3 未建立配送中心的物流配送模式

(二) 配送中心的类别

随着社会生产的发展、商品流通规模的不断扩大,配送中心数量也在不断增加。然而,在众多的配送中心中,由于各自的服务对象、组织形式和服务功能不尽相同,因此形成了不同类别的配送中心。按照不同的分类标准,可以把配送中心分为不同类别。

1. 按配送中心的经济功能分类

1) 供应型配送中心

供应型配送中心是专门向某个或某些用户供应货物,充当供应商角色的配送中心。

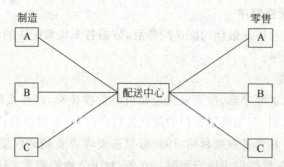

图 6-4 建立配送中心后的物流配送模式

在实际工作中,有很多从事货物配送活动的经济实体,其服务对象主要是生产企业和大型商业组织(超级市场或联营商店),所配送的货物主要有原料、元器件、半成品和其他商品,客观上起到了供应商的作用。这些配送中心类似于用户的后勤保障部门,故属于供应型配送中心。

例如,为大型连锁超级市场组织供应的配送中心;代替零件加工厂送货的零件配送中心,使零件加工厂对装配厂的供应合理化。又如,上海6家造船厂共同组建的钢板配送中心,也属于供应型配送中心。

2) 销售型配送中心

销售型配送中心是以销售商品为主要目的,以开展配送活动为手段组建的配送中心。这类配送中心完全是围绕着市场营销而开展配送业务的。在市场竞争中,为不断扩大自己的市场份额、提高市场占有率,商品生产者和商品经营者采取了多种降低流通成本和完善服务的办法与措施,同时改造和完善了物流设施,组建了专门从事配送活动的配送中心,因此销售型配送中心属于商流、物流一体化的配送模式,国内外普遍存在。

3) 储存型配送中心

储存型配送中心是充分强化商品的储备和储存功能,在充分发挥储存作用的基础上开展配送活动的配送中心。一般来讲,在买方市场下,企业商品销售需要有较大库存来支持,其配送中心可能有较强的储存功能;在卖方市场下,生产企业原材料、零部件供应,也需要有较大库存,也可能是储存型配送中心。实践证明,储存一定数量的物质乃是生产和流通得以正常进行的基本保障,国内外储存型配送中心多起源于传统的仓储企业。

> **小贴士**
>
> 美国福来明公司的食品配送中心,是典型的储存型配送中心。该配送中心有 70 000m^2 的储备仓库,其中包括 40 000m^2 的冷藏库和 30 000m^2 的杂货仓库,经营商品达 80 000 多种。又如,中国物资储运总公司天津物资储运公司唐家港仓库即是国内储存型配送中心的雏形。这种配送中心在物资紧缺的条件下,能形成丰富的货源优势。

4) 加工型配送中心

加工型配送中心的主要功能是对商品进行清洗、下料、分解、集装等加工活动，以流通加工为核心开展配送活动。在生活资料和生产资料配送活动中有许多加工型配送中心。如深圳市菜篮子配送中心，就是以肉类加工为核心开展配送业务的加工型配送中心。另外，如水泥等建筑材料以及煤炭等商品的加工配送也属于加工型配送中心。

2. 按运营主体的不同分类

1) 以制造商为主体的配送中心

这种配送中心里的商品100%是由自己生产制造的，这样可以降低流通费用，提高售后服务质量，及时地将预先配齐的成组元器件运送到规定的加工和装配工位。从商品制造到生产出来及条码和包装的配合等多方面都较易控制，所以按照现代化、自动化的配送中心设计比较容易，但不具备社会化的要求。

2) 以批发商为主体的配送中心

商品从制造者到消费者手中，传统的流通过程中要经过一个批发环节。一般是按部门或商品种类的不同，把每个制造厂的商品集中起来，然后以单一品种或搭配形式向消费地的零售商进行配送。这种配送中心的商品来自各个制造商，它所进行的一项重要的活动便是对商品进行汇总和再销售，它的全部进货和出货都是社会配送，社会化程度高。

3) 以零售商为主体的配送中心

零售商发展到一定规模后，就可以考虑建立自己的配送中心，为专业商品零售店、超级市场、百货商店、建树商场、粮油食品商店、宾馆饭店等服务，其社会化程度介于前两者之间。

4) 以物流企业为主体的配送中心

这种配送中心最强的是运输配送能力，而且地理位置优越，如港口、铁路和公路枢纽，可迅速将到达的货物配送给用户。它提供仓储货位给制造商或供应商，而配送中心的货物仍属于制造商或供应商所有，配送中心只是提供仓储管理和运输配送服务。这种配送中心的现代化程度往往较高。

(三) 配送中心的作用

配送中心是联结生产与生产、生产与消费的流通场所或组织，在现代物流活动中的作用是十分明显的，可以归纳为以下几个方面。

1. 使供货适应市场需求变化

配送中心不是以储存为目的的，然而，现代化的配送中心保持一定的库存起到了"蓄水池"的作用。各种商品的市场需求在时间、季节、需求量上都存在大量随机性，而现代化生产、加工无法完全在工厂、车间来满足和适应这种情况，必须依靠配送中心不断地进货、送货，快速地周转，在产销之间建立起一个缓冲平台，有效解决产销不平衡，缓解供需矛盾。例如，黄金假日的销售量比平日成倍增加，配送中心的库存对确保销售起到了有力的支撑。

2. 实现储运的经济高效

从工厂企业到销售市场之间需要复杂的储运环节，要依靠多种交通、运输、库存手段才能满足，传统的以产品或部门为单位的储运体系明显存在不经济和低效率的问题。故建立区域、城市的配送中心，能批量进发货物，组织成组、成批、成列直达运输和集中储运，从而提高了流通社会化水平，实现了规模经济所带来的规模效益。

3. 实现物流的系统化和专业化

当今世界没有哪家企业不关注成本控制、经营效率、改善对顾客服务，而这一切的基础是建立在一个高效率的物流系统上。配送中心在物流系统中占有重要地位，配送中心能提供专业化的保管、包装、加工、配送、信息等系统服务。

由于现代物流活动中物质的物理性质、化学性质的复杂多样化，交通运输的多方式、长距离、长时间、多起点和多终点，地理与气候的多样性，对保管、包装、加工、配送、信息提出了很高的要求，因此，只有建立配送中心，才有可能提供更加专业化、系统化的服务。

4. 促进地区经济的快速增长

在我国市场经济体系中，物流配送如同人体的血管，把国民经济各个部分紧密地联系在一起。配送中心同交通运输设施一样，是联结国民经济各地区，沟通生产与消费、供给与需求的桥梁和纽带，是经济发展的保障，是拉动经济增长的内部因素，也是吸引投资的环境条件之一。配送中心的建设可以从多方面带动地区经济的健康发展。

5. 完善连锁经营体系

配送中心可以帮助连锁店实现配送作业的经济规模，使流通费用降低；减少分店库存，加快商品周转，促进业务的发展和扩散。批发仓库通常需要零售商亲自上门采购，而配送中心解除了分店的后顾之忧，使其专心于店铺销售额和利润的增长，不断开发外部市场，拓展业务。

> **小贴士**
>
> 在连锁商业中，配送中心以集中库存的形式取代以往一家一户的库存结构方式，这种集中库存比传统的"前店后库"大大降低了库存总量。
>
> 又如，配送中心的流通加工可减轻门店的工作量；拆零作业有利于商场多出样，以增加销售商品的品种数。此外，还加强了连锁店与供货方的关系。

（四）配送中心业务流程内容

1. 进货

进货是配送中心根据客户的需要，为配送业务的顺利实施，而从事的组织商品货源和进行商品存储的一系列活动。进货是配送的准备基础工作、是配送的基础环节，又是决定配送成败与否、规模大小的最基础环节。同时，也是决定配送效益高低的关键环节。

2. 订单处理

从接到客户订单开始到着手准备拣货之间的作业阶段,称为订单处理。订单处理是与客户直接沟通的作业阶段,对后续的拣选作业、调度和配送产生直接的影响,是其他各项作业的基础。订单是配送中心开展配送业务的依据,配送中心接到客户订单以后需要对订单加以处理,据以安排分拣、补货、配货、送货等作业环节。

订单处理方式为人工处理和计算机处理。目前主要采用计算机处理方式。

3. 拣货

拣货作业是依据顾客的订货要求或配送中心的送货计划,迅速、准确地将商品从其储位或其他区域拣取出来,并按一定的方式进行分类、集中,等待配装送货的作业过程。

拣货过程是配送不同于一般形式的送货以及其他物流形式的重要的功能要素,是整个配送中心作业系统的核心工序。拣货作业的种类按分拣的手段不同,可分为人工分拣、机械分拣和自动分拣三大类。

4. 补货

补货是库存管理中的一项重要的内容,根据以往的经验,或者相关的统计技术方法,或者计算机系统的帮助确定的最优库存水平和最优订购量,并根据所确定的最优库存水平和最优订购量,在库存低于最优库存水平时发出存货再订购指令,以确保存货中的每一种产品都在目标服务水平下达到最优库存水平。

补货作业的目的是保证拣货区有货可拣,是保证充足货源的基础。补货通常是以托盘为单位,从货物保管区将货品移到拣货区的作业过程。

5. 配货

配送中心为了顺利、有序、方便地向客户发送商品,对组织来的各种货物进行整理,并依据订单要求进行组合的过程。配货也就是指使用各种拣选设备和传输装置,将存放的货物,按客户的要求分拣出来,配备齐全,送入指定发货区。

配货作业与拣货作业不可分割,二者一起构成了一项完整的作业。通过分拣配货可达到按客户要求进行高水平送货的目的。

6. 送货

配送业务中的送货作业包含将货物装车并实际配送,而达到这些作业则需要事先规划配送区域的划分或配送线路的安排,由配送路线选用的先后顺序来决定商品装车顺序,并在商品配送途中进行商品跟踪、控制,制定配送途中意外状况及送货后文件的处理办法。

送货通常是一种短距离、小批量、高频率的运输形式。它以服务为目标,以尽可能满足客户需求为宗旨。

7. 流通加工

流通加工是配送的前沿,它是衔接储存与末端运输的关键环节。流通加工是指物品在从生产领域向消费领域流通的过程中,流通主体(即流通当事人)为了完善流通服务功能,为了促进销售、维护产品质量和提高物流效率而开展的一项活动。

流通加工的目的:①适应多样化客户的需求;②提高商品的附加值;③规避风险,推进物流系统化。不同的货物,流通加工的内容是不一样的。

8. 退货

退货或换货在经营物流业中不可避免,但尽量减少,因为退货或换货的处理只会大幅增加物流成本,减少利润。发生退货或换货的主要原因包括瑕疵品回收、搬运中的损坏、商品送错退回、商品过期退回等。配送中心流程如图6-5所示。

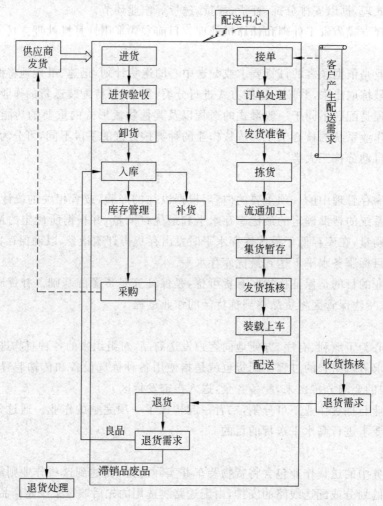

图6-5 配送中心流程

第二节 配送作业

一、进货作业

(一)进货流程

进货作业包括接货、卸货、验收入库,然后将有关信息书面化等一系列工作。进货作业的基本流程如图6-6所示。在其流程安排中,应注意以下事项。

(1) 应多利用配送车司机卸货,以减少公司作业人员和避免卸货作业的拖延。
(2) 尽可能将多样活动集中在同一工作站,以节省必要的空间。
(3) 尽量避开进货高峰期,并依据相关性安排活动,以达到距离最小化。
(4) 详细记录进货资料,以备后续存取核查。

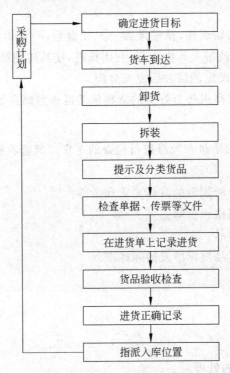

图 6-6　进货作业的基本流程

(二) 货物编码

进货作业是配送作业的首要环节。为了让后续作业准确而快速地进行,并使货物品质及作业水准得到妥善维持,在进货阶段对货物进行有效的编码是一项十分重要的内容。编码结构应尽量简单,长度尽量短,一方面便于记忆;另一方面也可以节省机器存储空间,减少代码处理中的差错,提高信息处理效率。常用的编码方法如下。

(1) 顺序码。
(2) 数字分段码。
(3) 分组编码。
(4) 实际意义编码。
(5) 后数位编码。
(6) 暗示编码。

(三) 货物分类

货物分类是将多品种货物按其性质或其他条件逐次区别,分别归入不同的货物类别,并进行有系统的排列,以提高作业效率。

在实际操作中,对品项较多的分类储存,可分为两个阶段、上下两层输送同时进行。

(1) 由条码读取机读取箱子上的物流条码,依照品项做出第一次分类,再决定归属上层或下层的存储输送线。

(2) 上、下层的条码读取机再次读取条码,并将箱子按各个不同的品项,分门别类到各条储存线上。

(3) 在每条储存线的切离端,箱子堆满一只托盘后,长串货物即被分离出来,当箱子组合装满一层托盘时,就被送入中心部(利用推杆,使其排列整齐),之后,箱子在托盘上一层层地堆叠,堆到预先设定的层数后完成分类。

(4) 操作员用叉式堆高机将分好类的货物依类运送到储存场所。

(四) 货物验收检查

货物验收是对产品的质量和数量进行检查的工作。其验收标准及内容如下。

1. 货物验收的标准

(1) 采购合同或订单所规定的具体要求和条件。

(2) 采购合同中的规格或图解。

(3) 议价时的合格样品。

(4) 各类产品的国家品质标准或国际标准。

2. 货物验收的内容

(1) 质量验收。

(2) 包装验收。

(3) 数量验收。

(五) 货物入库信息的处理

到达配送中心的商品经验收确认后,必须填写"验收单",并将有关入库信息及时准确地登入库存商品信息管理系统,以便及时更新库存商品的有关数据。货物信息登录的目的在于为后续作业环节提供管理和控制的依据。此外,对于作业辅助信息也要进行搜集与处理。

二、订单处理作业

(一) 订单处理的含义

从接到客户订单开始到着手准备拣货之间的作业阶段,称为订单处理。通常包括订单资料确认、存货查询、单据处理等内容。如图 6-7 所示为无纸化订单。

(二) 订单处理的基本内容及步骤

订单处理分人工处理和计算机处理两种形式。人工处理具有较大弹性,但只适合少量的订单处理。计算机处理则速度快、效率高、成本低,适合大量的订单处理,因此目前主要采取后一种形式。订单处理的基本内容及步骤如图 6-8 所示。

(三) 订单的确认

接单之后,必须对相关事项进行确认。主要包括以下几个方面。

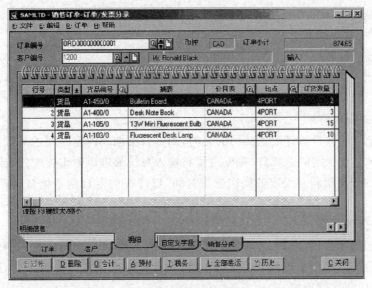

图 6-7 无纸化订单

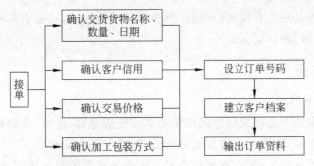

图 6-8 订单处理的基本内容及步骤

1. 确认交货货物名称、数量、日期

即检查品名、数量、送货日期等是否有遗漏、笔误或不符合公司要求的情形。尤其当送货时间有问题或出货时间已延迟时,更需与客户再次确认订单内容或更正运送时间。

2. 确认客户信用

不论订单是由何种方式传至公司,配送系统都要核查客户的财务状况,以确定其是否有能力支付该订单的账款。通常的做法是检查客户的应收账款是否已超过其信用额度。

3. 确认订单形态

1) 一般交易订单

交易形态:一般交易订单,即接单后按正常的作业程序拣货、出货、发送、收款的订单。

处理方式:接单后,将资料输入订单处理系统,按正常的订单处理程序处理,资料处理完后进行拣货、出货、发送、收款等作业。

2) 间接交易订单

交易形态:客户向配送中心订货,直接由供应商配送给客户的交易订单。

处理方式:接单后,将客户的出货资料传给供应商由其代配。此方式需注意的是客户的送货单是自行制作或委托供应商制作的,应对出货资料加以核对确认。

3) 现销式交易订单

交易形态:与客户当场交易、直接给货的交易订单。

处理方式:订单资料输入后,因货物此时已交给客户,故订单资料不再参与拣货、出货、发送等作业,只需记录交易资料即可。

4) 合约式交易订单

交易形态:与客户签订配送契约的交易,如签订某期间内定时配送某数量的商品。

处理方式:在约定的送货日,将配送资料输入系统处理以便出货配送;或一开始便输入合约内容的订货资料并设定各批次送货时间,以便在约定日期系统自动产生所需的订单资料。

4. 确认交易价格

对于不同的客户(批发商、零售商)、不同的订购批量,可能对应不同的售价,因而输入价格时系统应加以检核。若输入的价格不符(输入错误或业务员降价接受订单等),系统应加以锁定,以便主管审核。

5. 确认加工包装方式

客户订购的商品是否有特殊的包装、分装或贴标等要求,或是有关赠品的包装等资料系统都需加以专门的确认记录。

三、拣货作业

(一) 拣货作业概念

拣货作业是配送中心依据顾客的订单要求或配送计划,迅速、准确地将商品从其储位或其他区位拣取出来,并按一定的方式进行分类、集中的作业过程。

在配送中心的内部作业中,拣货作业是其中极为重要的作业环节,是整个配送中心作业系统的核心,其重要性相当于人的心脏部分。在配送中心搬运成本中,拣货作业搬运成本约占90%;在劳动密集型配送中心,与拣货作业直接相关的人力占50%;拣货作业时间约占整个配送中心作业时间的30%~40%。因此,合理规划与管理分拣作业,对提高配送中心作业效率和降低整个配送中心作业成本具有事半功倍的效果。

(二) 拣货作业基本流程

拣货作业在配送中心整个作业环节中不但工作量大,工艺过程复杂,而且作业要求时间短,准确度高,因此,加强对拣货作业的管理非常重要。制定科学合理的分拣作业流程,对于提高配送中心运作效率及提高服务商品具有重要的意义。图6-9为配送中心拣货作业基本流程图。

图6-9 配送中心拣货作业基本流程

1. 发货计划

发货计划是根据顾客的订单编制而成。订单是指顾客根据其用货需要向配送中心发出的订货信息。配送中心接到订货信息后需要对订单的资料进行确认、存货查询和单据处理,根据顾客的送货要求制定发货日程,最后编制发货计划。

2. 确定拣货方式

拣货通常有订单别拣取、批量拣取及复合拣取三种方式。订单别拣取是按每份订单来拣货;批量拣取是多张订单累积成一批,汇总数量后形成拣货单,然后根据拣货单的指示一次拣取商品,再进行分类;复合拣取是充分利用以上两种方式的特点,并综合运用于拣货作业中。

1) 订单别拣取

订单别拣取是针对每一份订单,分拣人员按照订单所列商品及数量,将商品从储存区域或分拣区域拣取出来,然后集中在一起的拣货方式。

订单别拣取作业方法简单,接到订单可立即拣货,作业前置时间短,作业人员责任明确。但对于商品品项较多时,拣货行走路径加长,拣取效率较低。订单别拣取适合订单大小差异较大,订单数量变化频繁,商品差异较大的情况,如化妆品、家具、电器、百货、高级服饰等。

2) 批量拣取

批量拣取是将多张订单集合成一批,按照商品品种类别汇总后再进行拣货,然后依据不同客户或不同订单分类集中的拣货方式。批量拣取可以缩短拣取商品时的行走时间,增加单位时间的拣货量。同时,由于需要订单累积到一定数量时,才做一次性的处理,因此,会有停滞时间产生。

批量拣取适合订单变化较小,订单数量稳定的配送中心和外形较规则、固定的商品出货,如箱装、扁袋装的商品。其次需进行流通加工的商品也适合批量拣取,再批量进行加工,然后分类配送,有利于提高拣货及加工效率。

3) 复合拣取

为克服订单别拣取和批量拣取方式的缺点,配送中心也可以采取将订单别拣取和批量拣取组合起来的复合拣取方式。复合拣取即根据订单的品种、数量及出库频率,确定哪些订单适应于订单别拣取,哪些订单适应于批量拣取,分别采取不同的拣货方式。

3. 输出拣货清单

拣货清单是配送中心将客户订单资料进行计算机处理,生成并打印出拣货单。拣货单上标明储位,并按货位顺序来排列货物编号,作业人员据此拣货可以缩短拣货路径,提高拣货作业效率。拣货单格式参考表 6-1。

表 6-1　拣货单

拣货单号码:				拣货时间:				
顾客名称:				拣货人员:				
				审核人员:				
				出货日期:　　年　　月　　日				
序号	货位编号	商品名称	商品编码	包装单位			拣取数量	备注
				整托盘	箱	单件		

续表

4. 确定拣货路线及分派拣货人员

配送中心根据拣货单所指示的商品编码、货位编号等信息,能够明确商品所处的位置,确定合理的拣货路线,安排拣货人员进行拣货作业。

5. 拣取商品

拣取的过程可以由人工或自动化设备完成。通常小体积、少批量、搬运重量在人力范围内且出货频率不是特别高的,可以采取手动方式拣取;对于体积大、重量大的货物可以利用升降叉车等搬运机械辅助作业;对于出货频率很高的可以采取自动拣货系统。

6. 分类集中

经过拣取的商品根据不同的客户或送货路线分类集中,有些需要进行流通加工的商品还需根据加工方法进行分类,加工完毕再按一定方式分类出货。多品种分货的工艺过程较复杂,难度也大,容易发生错误,必须在统筹安排形成规模效应的基础上,提高作业的精确性。在物品体积小、重量轻的情况下,可以采取人力分拣,也可以采取机械辅助作业,或利用自动分拣机自动将拣取出来的货物进行分类与集中。

(三) 拣货作业的方式

1. 摘果式拣选

对于每张订单,拣选人员或拣选工具在各个存储点将所需物品取出,完成货物分配。该方法作业前置时间短,针对紧急需求可以快速拣选,操作容易,对机械化、自动化无严格要求,作业责任明确,分工容易、公平。但是,当订单数量、商品品项较多,拣选区域较大时,该拣选方式耗费时间长、效率低、搬运强度大。鉴于该方法的特点适合于配送中心初期阶段,采用这一拣选方式作为过渡性办法。

2. 播种式拣选

把每批订单上的相同商品各自累加起来,从存储仓位上取出,集中到理货现场,然后将每一门店所需的数量取出,分放到要货单位商品运货处,直至配货完毕。

3. 分区、不分区拣选

将拣选作业场地划分成若干区域,每个作业员负责拣选固定区域内的商品。无论是摘果式还是播种式,配合分区原则,这样可以提高工作效率。

四、补货作业

补货作业是将货物从仓库保管区域搬运到拣货区的工作,其目的是确保商品能保质保量按时送到指定的拣货区。

(一) 补货方式

(1) 整箱补货。
(2) 托盘补货。
(3) 货架上层——货架下层的补货方式。

(二) 补货时机

1. 批组补货

每天由计算机计算所需货物的总拣取量和查询动管拣货区存货量后得出补货数量,从而在拣货之前一次性补足,以满足全天拣货量。这种一次补足的补货原则,较适合一日内作业量变化不大、紧急插单不多或是每批次拣取量大的情况。

2. 定时补货

把每天划分为几个时点,补货人员在时段内检查动管拣货区货架上的货品存量,若不足则及时补货。这种方式适合分批拣货时间固定且紧急处理较多的配送中心。

3. 随机补货

指定专门的补货人员,随时巡视动管拣货区的货品存量,发现不足则随时补货。这种方式较适合每批次拣取量不大、紧急插单多以至于一日内作业量不易事先掌握的情况。

五、出货作业

将拣选的商品按订单或配送路线进行分类,再进行出货检查,做好相应的包装、标识和贴印标签工作,根据门店或行车路线等将物品送到出货暂存区,最后装车配送。出货作业流程如图 6-10 所示。

(一) 分货作业

采用人工分货方式处理,在完成货物拣选之后,将所拣选的商品根据不同的门店或配送路线进行分类,对其中需要进行包装的商品,拣选集中后,先按包装分类处理,再按送货要求分类出货。

(二) 出货检查作业

根据门店、车次对象等对拣选商品进行产品号码和数量的核对,以及产品状态和品质的检验。可以采取以下两种方法检查。

(1) 人工检查,将货品一个个点数并逐一核对出货单,再检查出货品质水准及状态。
(2) 商品条码检查。当进行出货检查时,只将拣出货品的条码,用扫描机读出,计算机则会自动将资料与出货单对比,检查是否有数量或号码上的差异。

(三) 出货形式

配送中心在拣取方面采用托盘、箱、单品为单位。

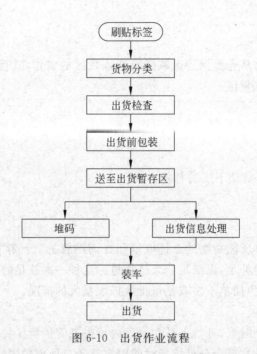

图 6-10 出货作业流程

(四) 出货作业质量控制

拣选作业的效率和对拣选准确性直接影响供应商的结算、库存的准确率和后续作业的正常进行。

(五) 条码技术在出货作业中的应用

条码作业系统将拣选、包装和出货功能等多种作业汇集成为一体。现配送中心为多家门店配送商品,处理采购订单较多,每张订单品种数也较多,如果仍采用以人工为主的订单拣选作业方式为主,那么很难避免较高的拣选错误率,出现出货差异也很难确认。条码技术识别产品、账单和库存准确率较高,接近100%。为避免或减少错误率,提高工作效率,我们采用条码技术,如图6-11所示。

1. 小型订单拣选

库存检查和单据准备完毕,发票和作业单应有一个订单编号。但号码必须以条码和数字标识,如果使用RF(射频技术),相关作业可以无纸化,拣选作业员从储位将商品移动到包装处或暂存区,在此使用扫描器扫描订单号码和每一个品种。

对于太小不能贴条码标签的品种,可以提供印有条码的商品目录,通过与计算机的电子图像匹配,校验拣选的准确性。当传输完毕后,包装装置通知系统生成装箱单,如果单据准备不能在拣选作业前完成,拣选作业员可以提取商品,进入销售终端,扫描条码和生成销售清单或发票。

2. 大型订单和大量拣选

拣选人员使用带扫描器的手持终端进入拣选作业区域,订单已经通过下载或无线传输进入主机系统,需拣选的品种和数量会在手持终端显示。拣选作业员到储位,扫描储位

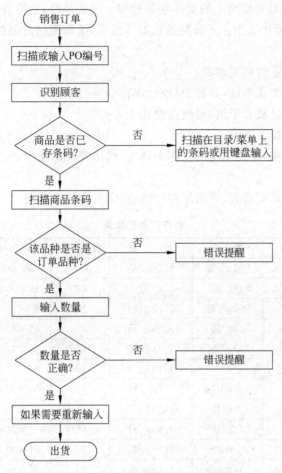

图 6-11 条码系统拣选作业流程图

条码和商品条码,系统校验商品是否被正确拣选。拣选完成后,将拣选商品放入发货暂存区,拣选作业员发出完成拣选的信号,计算机生成相应的单据。

本章主要阐述了配送与配送中心的概念与作业过程。配送作为一种特殊的物流活动方式,几乎涵盖了物流中所有的要素和功能,既包含集货、储存、拣货、配货、装货等一系列狭义的物流活动,也包括输送、送达、验货等以送货上门为目的的商业活动。而配送中心是集多种流通功能于一体的物流组织,是利用先进的物流技术和物流设备开展业务活动的大型物流基地,涵盖了进货与订单处理作业、分拣与补货作业、出货作业等配送环节与流程。

1. 工作目标

配送计划是在配送过程中关于配送活动的周密计划。作为一种全局性的事前方案,它对于整个配送活动具有客观上的指导性和过程上的规范性,是有效开展配送的第一步。通过本项目的实训,旨在让学生了解配送的基本流程,了解配送过程的各种要求。

2. 工作准备

(1) 了解配送作业的相关知识。

(2) 准备配送的作业单证,如客户订单、库存单等。

(3) 将全班学生分成若干组,每组选组长 1 人。

(4) 工作时间安排 2 学时。

(5) 工作环境模拟,需要学院的仓库实训室、机房等资源配合。

3. 工作任务

(1) 根据客户订单汇总表、商品库存一览表,完成商品库存表。

客户订单汇总表

客户名称	品　名	规　格	重　量	数量(箱)	体积(cm³)	送货时间
A	娃哈哈纯净水	596ml/瓶	8.5kg/箱	50	85×60×45	6月22日16点之前(不允许缺货)
	达能饼干	118g/袋	3kg/箱	100	80×75×85	
	百事可乐	500ml/瓶	7.5kg/箱	40	60×35×50	
	蛋黄煎饼	150g/袋	3.5kg/箱	80	55×65×55	
	好多鱼	340g/袋	4.5kg/箱	100	20×10×30	
	总毛重		1755kg	370		
B	雪碧汽水	600ml/瓶	8.5kg/箱	70	60×35×50	6月22日16点之前(允许缺货)
	红枣饼干	150g/袋	3kg/箱	110	55×35×55	
	好多鱼	340g/袋	4.5kg/箱	60	20×10×30	
	百事可乐	500ml/瓶	7.5kg/箱	30	60×35×50	
	娃哈哈纯净水	596ml/瓶	8.5kg/箱	50	85×60×45	
	总毛重		1845kg	320		
C	雪碧汽水	600ml/瓶	8.5kg/箱	80	60×35×50	6月22日16点之前(允许缺货)
	达能饼干	118g/袋	3kg/箱	120	55×65×55	
	盼盼法式面包	320g/袋	4kg/箱	60	80×35×75	
	旺旺大雪饼	118g/袋	7.5kg/箱	70	80×75×85	
	总毛重		1805kg	330		
D	百事可乐	500ml/瓶	7.5kg/箱	50	60×35×50	6月22日16点之前(不允许缺货)
	康师傅方便面	320g/碗	6kg/箱	50	50×40×55	
	娃哈哈纯净水	596ml/瓶	8.5kg/箱	100	85×60×45	
	红枣饼干	150g/袋	3kg/箱	60	55×35×55	
	旺旺大雪饼	118g/袋	7.5kg/箱	80	80×75×85	
	总毛重		2305kg	340		

注:A 代表家乐福,B 代表家润多,C 代表沃尔玛,D 代表步步高。

商品库存一览表

客户名称	品　名	规　格	体积(cm³)	库存数量(箱)	需求数量	是否满足
ACD	娃哈哈纯净水	596ml/瓶	85×60×45	200		
AC	达能饼干	118g/袋	80×75×85	260		
ACD	百事可乐	500ml/瓶	60×35×50	200		
A	蛋黄煎饼	150g/袋	55×65×55	100		
AB	好多鱼	340g/袋	20×10×30	180		
BC	雪碧汽水	600ml/瓶	60×35×50	200		
BD	红枣饼干	150g/袋	55×35×55	170		
C	盼盼法式面包	320g/袋	80×35×75	40		
CD	旺旺大雪饼	118g/袋	80×75×85	150		
D	康师傅方便面	320g/碗	50×40×55	80		

(2) 制作每一位客户的信息订单，参考下表，并排序。

客 户 订 单

NO.：00001

订货单位：				电话：			
地址：				订货日期：			
序号	商品名称	规格	数量	重量	总重量	体积(m³)	备注
1							
2							
3							
4							
5							

交货日期：

交货地点：

订单形态：□一般交易　□现销式交易　□间接交易　□合约交易

配送方式：□送货　□自提　□其他

用户信用：□一级　□二级　□三级　□四级　□五级

付款方式：	特许要求：
制单：	审核：

(3) 制作每一位客户的拣货单，参考下表。

客户拣货单

拣货单编号				订单编号	00001
用户名称					
出货日期				出货货位号	
拣货时间				拣货人	
核查时间				核查人	
序号	货位编号	商品名称	规格	商品编码	数量	备注
1						
2						
3						
4						
5						
⋮						

（4）制作客户缺货单和补货单。

客户缺货订单

订单客户	货物名称	规格	单位	库存件数	需求件数	备注

客户补货单

订单客户	货物名称	规格	单位	补货件数	备注

阅读案例

北京顺鑫绿色物流有限责任公司

北京顺鑫绿色物流有限责任公司（以下简称顺鑫物流）成立于2003年9月，是由北京顺鑫农业股份有限公司投资兴建的物流配送企业，公司注册资本8000万元，总资产2亿元，建有21 340m^2的货架式仓储配送中心。

北京顺鑫绿色物流有限责任公司位于北京顺义区金马工业区，占地面积190亩，毗邻北京空港物流基地，紧依首都国际机场，距北京市区20km，周边由机场高速、六环路、顺平路、京承高速、101国道组成了纵横交错、四通八达的交通网络。

公司以"配送健康新生活"为经营理念，以完善投资方商业物流配送体系为目标，着力发展商品仓储配送业务，最终发展成为规模较大的、专业性强的物流企业，为客户提供全方位、高效率、一体化的第三方物流服务。

1. 仓储规模

建有21 340m^2的货架式仓储配送中心，见图6-12，其中一层15 000m^2为托盘货架区，二层6340m^2为拆零分拣区。建成后可实现80亿元的商品仓储配送能力。立体托盘货架系统，可容纳近万个仓位，实现商品分类、分区存放；高1.2m的出入库站台，配有升降平台,加长雨搭,这些都为商品出入库提供了便利。多种规格的运输车辆,可提供常温、冷藏、冷冻多温层配送;10M 的局域网以及网络安全措施的应用,实现数据大量、快速、准确、安全的传输。

2. 硬件设施

采用托盘式货架,见图 6-13,共计 9860 个仓位;无线手持终端(RF)30 余台;采用多种搬运、拣选设备,共计几十余辆;运输车辆 10 余辆;宽敞明亮的办公环境;办公全部电子化、无纸化;完善、安全的通信网络。

图 6-12　货架式仓储配送中心　　　　　图 6-13　托盘式货架

3. 信息系统

信息系统主要有供应链系统(SCM)、分销管理系统(SRM)、仓储管理信息系统(WMS)、电子标签拣选系统(DPS);系统采用 B/S 架构,Java 语言开发,具有很高的稳定性和可扩充性;系统实现和条码数据采集设备的接口,方便和客户的系统完成数据交换;客户可以通过系统及时地了解商品出入库、调拨、盘点及库存信息以及商品的条码信息等;系统支持网上下订单;网上库存、信用额度、统计及分析性报表等业务数据的查询;支持客户及供应商网上对账功能;支持多种商品进货上架策略及相关法则,确定最优的商品摆放;支持多种商品配送出库方式及策略,实现最优的商品管理;系统结合了先进的物流设备(RF、ASRS 等)大大提高了库内作业的工作效率;系统提供自动排派车功能,依据客户送货地基本资料的设定,自动将单据初步排定车辆;支持多种促销方式,系统提供信用额度管控功能。

4. 提供的物流服务

公司以优化客户产品供应链为指导,以快捷、安全、可靠、节省为原则,为客户量身定制服务方案,对物流运作实施动态跟踪,统一调度与监控,24 小时全天候服务,为客户提供配送线路最优、库存水平最佳、货物配装最合理、物流成本最低、安全性能最高的优质服务,图 6-14 为物流中心的平面位置图。

5. 物流服务案例

顺鑫物流为北京零售业的带头企业——华普超市提供全面的物流服务。顺鑫物流于 2006 年 11 月开始为华普超市运作物流配送项目。顺鑫物流负责华普超市北京市以及周边地区所有门店的订单处理、库存管理和所有的区域性配送。

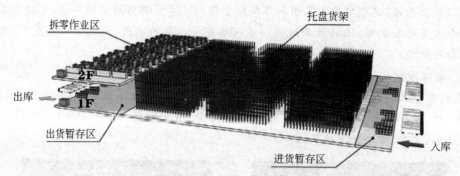

图 6-14 物流中心的平面位置图

有 2128 个供应商将商品送到顺鑫物流的配送中心,然后由顺鑫物流配送到华普各家门店超市。同时顺鑫物流还提供直流配送服务,当商品运输到顺鑫物流的配送中心,根据不同门店的订单被分拣后,商品被送到各门店,这种操作模式帮助华普减少库存占压,提高了商品的库存周转率。通过 KAPS(分销和供应链管理系统)对订单进行管理。

顺鑫物流为华普超市管理着超过 60 000 个品种的商品。通过 WMS(仓储管理信息系统)将商品分类分区进行管理,配合仓库内立体托盘货架,将商品分仓位存放,系统与实货的一一对应,保证库存管理的准确性。

思考题:

(1) 北京顺鑫物流配送中心的优势是什么?

(2) 分析北京顺鑫物流配送中心的作业流程。

思考练习

(1) 简述配送的概念与特点。

(2) 简述配送中心的作业流程。

(3) 简要分析进货作业的主要流程。

(4) 简要分析订单处理的基本内容以及步骤。

第七章

仓储与配送的成本管理和绩效评估

【知识目标】

（1）识别仓储成本与配送成本的构成。

（2）掌握仓储成本与配送成本影响因素以及控制的方法。

（3）了解物流绩效评估指标的选取。

（4）掌握仓储与配送绩效评估指标。

【技能目标】

（1）能够根据仓储的不同库存状况选择相适宜的成本控制策略。

（2）能够运用仓储配送成本控制策略对成本水平进行监督与评价。

（3）学会设计仓储绩效考核的表格。

（4）学会设计配送绩效考核的表格。

【引导案例】

英迈公司在中国拥有15个仓储中心，在管理中，他们拥有强烈的成本概念，每天库存货品上千种，但是全部库房一年只丢一根电缆。半年一次的盘库，前后统计结果只差几分钱。

例如，英迈库中所有的货品在摆放时，货品标签一律向外，而且没有一个倒置，这是在进货时就按操作规范统一摆放的，目的是为了出货和清点库存时查询方便。运作部曾经计算过，如果货品标签向内，以一个熟练的库房管理人员操作，将其恢复至标签向外，需要8min，这8min的人工成本就是0.123元。

仓库空间是经过精确设计和科学规划的，甚至货架之间的过道也是经过精确计算的，为了尽量增大库存可使用面积，只给运货叉车留出了10cm的空间，叉车司机的驾驶必须稳而又稳，尤其是在拐弯时，因此英迈的叉车司机都要经过此方面的专业培训。

在日常操作中,仓库员工从接到订单到完成取货,规定时间为20min。因为仓库对每一个货位都标注了货号标志,并输入系统中,系统会将发货产品自动生成产品货号,货号与仓库中的货位一一对应,所以仓库员工在发货时就像邮递员寻找邮递对象的门牌号码一样方便、快捷。

货架上的货品号码标识用的都是磁条,采用的原因同样是因为节约成本,以往采用的是打印标状纸条,但因为进仓货品经常变化,占据货位的情况也不断改变,用纸条标识灵活性差,而且打印成本也很高,采用磁条后问题得到了根本性解决。英迈要求与其合作的所有货运公司在运输车辆的厢壁上必须安装薄木板,以避免因为板壁不平而使运输货品的包装出现损伤。

从以上描述中可以看出,英迈运作优势的获得并非看起来那样简单,而是对每一个操作细节不断改进,日积月累而成,从所有的操作流程看,成本概念和以客户需求为中心的服务观念贯穿始终,这才是英迈竞争的核心所在。

(资料来源:http://www.jctrans.com)

 引例分析

仓储与配送成本是衡量仓储企业经营管理水平高低的重要标志,熟练进行仓储与配送的成本分析与控制,有效运用成本控制的绩效指标体系,并不断做出改进,都是现代物流发展的必需。

第一节 仓储与配送的成本管理

一、仓储与配送成本构成

(一) 仓储成本的构成

仓储成本是发生在货物储存期间的各种费用支出。其中,一部分是用于仓储的设施设备投资和维护货物本身的自然消耗;另一部分则适用于仓储作业所消耗的物化劳动和活劳动;还有一部分是货物存量增加所消耗的资金成本和风险成本。这些在货物存储过程中的劳动消耗是商品生产在流通领域中的继续,是实现商品价值的重要组成部分。

由于不同仓储商品的服务范围和运作模式不同,其内容和组成也各不相同。同时控制仓储成本的方法也多种多样。本书将成本分为以下两大部分:一是仓储运作成本;二是仓储存货成本。

仓储成本分为以上两类的原因是在组织管理中,仓储与存货控制是两个不同的部门。仓储运作成本发生在仓储部门,并且由仓储部门来控制,而货品存货成本发生在存货控制部门,其成本由存货控制部门来控制。仓储管理与存货控制是紧密相关的,要联系起来分析和控制。

1. 仓储运作成本

1)仓储运作成本的构成

仓储运作成本是发生在仓储过程中,为保证商品合理储存,正常出入库而发生的与储存商品运作有关的费用,仓储运作成本包括房屋、设备折旧、库房租金,水、电、气费用,设备修理费用、人工费用等一切发生在库房中的费用。仓储运作成本可以分为固定成本和变动成本两部分,如表 7-1 所示。

表 7-1 仓储成本的构成

构成	含义	包括的范围
固定成本	一定仓储存量范围内,不随进出入库货物量变化的成本	库房折旧;设备折旧;库房租金;库房固定人工工资等
变动成本	仓库运作过程中与进出入库货物量有关的成本	水电气费用;设备维修费用;工人加班费;物品损坏成本等

2)仓储运作成本的计算

(1)固定成本的计算。

仓库固定成本在每月的成本计算时相对固定,与日常发生的运作、消耗没有直接的关系,在一定范围内与库存数量也没有直接关系。固定成本中的库房折旧、设备折旧、外租库房租金和固定人员工资从财务部可以直接得到。库房中的固定费用可以根据不同的作业模式而有不同的内容,包括固定取暖费、固定设备维修费、固定照明费用等。

(2)变动成本的计算。

库房运作变动成本的统计和计算是根据实际发生的运作费用进行的。包括按月统计的实际运作中发生的水、电、气消耗,设备维修费用,由于货量增加而发生的工人加班费和货品损坏成本等。

2. 仓储存货成本

仓储存货成本是由于存货而发生的除运作成本以外的各种成本,包括订货成本、资金占用成本、存货风险成本、缺货成本等。

1)订货成本

订货成本是指企业为了实现一次订货成本而进行的各种活动费用,包括处理订货的差旅费、办公费等支出。订货成本中有一部分与订货次数无关,如常设机构的基本支出等,称为订货的固定成本;另一部分与订货次数有关,如差旅费、通信费等,称为订货的变动成本。

具体来讲,订货成本包括与下列活动相关的费用。

(1)检查存货费用。

(2)编制并提出订货申请费用。

(3)对多个供应商进行调查比较,选择合适的供应商的费用。

(4)填写并发出订单。

(5)填写并核对收货单。

(6)验收货物费用。

(7) 筹集资金和付款过程中产生的各种费用。

2) 资金占用成本

资金占用成本是购买货品和保证存货而使用的资金的成本。资金占用成本可以用公司资金的机会成本或投资期望来衡量,也可以用资金实际来源的发生成本来计算。为了简化和方便,一般资金成本用银行贷款利息来计算。

3) 存货风险成本

存货风险成本是发生在货品持有期间,由于市场变化、价格变化、货品质量变化所造成的企业无法控制的商品贬值、损坏、丢失、变质等成本。

4) 缺货成本

缺货成本不是仓库存货发生的成本支出项目,而是作为一项平衡库存大小,从而进行库存决策的一种成本比较办法。缺货成本是指由于库存供应中断而造成的损失,包括原材料供应中断造成的停工损失、产品库存缺货造成的延迟发货损失和丧失销售机会的损失(还应包括商誉损失)。

如果生产企业以紧急采购代用材料来解决库存材料的中断之急,那么缺货成本表现为紧急额外购入成本(紧急采购成本与正常采购成本之差)。当一种产品缺货时,客户就会购买该企业的竞争对手的产品,这就会对该企业产生直接利润损失,如果失去客户,还可能为企业造成间接成本或长期成本。另外,原材料、半成品或零配件的缺货,意味着机器空闲,甚至停产。

(1) 安全库存的存货成本。

为了防止因市场变化或供应不及时而发生存货短缺的现象,企业会考虑保持一定数量的安全库存及缓冲库存,以防在需求方面的不确定性。但是,困难在于确定在任何时候需要保持多少安全库存,安全库存太多则意味着多余的库存,而安全库存不足则意味着缺货或失销。增加安全库存,会减少货品短缺的可能性,同时会增加仓储安全库存决策就是需求一个缺货成本和安全库存成本两者的综合成本最小化。

(2) 缺货成本。

缺货成本是由于外部和内部中断供应所产生的。当企业的客户得不到全部订货时,叫作外部缺货;而当企业内部某个部门得不到全部订货时,叫作内部缺货。

如果发生外部缺货,将导致以下三种情况发生。

① 延期交货。延期交货可以有两种形式:一种是缺货商品可以在下次规则订货时得到补充;另一种是利用快递延期交货。如果客户愿意等到下一个规则订货,那么企业实际上没什么损失。但如果经常缺货,客户可能就会转向其他供应商。

商品延期交货会产生特殊订单处理费用和运输。延期交货的特殊订单处理费用要比普通处理费用高。由于延期交货经济是小规模装运,运输费率相对较高,而且,延期交货的商品可能需要从一个地区的一个工厂的仓库供货,进行长距离的运输。另外,可能需要利用速度快、收费较高的运输方式运送延期交货的商品。因此,延期交货成本可根据额外订单处理费用的额外运费来计算。

② 失销。由于缺货,可能造成一些用户会转向其他供应商,也就是说,许多公司都有生产替代产品的竞争者,当一个供应商没有客户的商品时,客户就会从其他供应商那里订

货,在这种情况下,缺货导致失销,对于企业来说,直接损失就是这种商品的利润损失。因此,可以通过计算这批商品的利润来确定直接损失。

除了利润的损失外,失销还包括当初负责相关销售业务的销售人员所付出的努力损失,这就是机会损失。需要指出的是,很难确定在一些情况下失销的总损失。比如,许多客户习惯用电话订货,在这种情况下,客户只是询问是否有货。而未指明订货多少,如果这种产品没货,那么客户就不会说明需要多少,企业也不会知道损失的总成本。此外,很难估计一次缺货对未来销售的影响。

③ 失去客户。该情况是由于缺货而失去客户,也就是说,客户永远转向另一个供应商。如果失去了客户,企业也就失去了未来的一系列收入,这种缺货造成的损失很难估计,需要用管理科学的技术以及市场销售的研究方法来分析和计算。除了利润损失外,还有由于缺货造成的商誉损失。

5) 在途存货成本

学习的主要是仓库中货品的运作成本和存货成本,但另一项成本也必须加以考虑,这就是在途存货成本。它与选择的运输方式有关。如果企业以目的地交货价销售商品,这意味着企业要负责将商品运达客户,当客户收到订货商品时,商品的所有权才转移。

从财务的角度来看,商品仍是销售方的库存。因为这种在途商品在交给客户之前仍然属于企业所有,运货方式及所需的时间是储存成本的一部分,企业应该对运输成本与在途存货成本进行分析。

在途库存的资金占用成本一般等于仓库中库存资金的占用成本。仓储运作成本一般与在途库存不相关,但考虑在途货物的保险费用。选择快速运输方式时,一般货物过时或变质的风险要小一些,因此,仓储风险成本较小。

一般来说,在途存货成本要比仓库中存货成本小,在实际中,需要对每一项成本进行汇总计算才能准确计算出实际成本。

(二) 配送成本的构成

配送成本是指在配送活动的备货、储存、分拣及配货、配装、送货、送达服务及配送加工等环节所发生的各项费用的总和,是配送过程中所消耗的各种活劳动和物化劳动的货币表现。

配送费用诸如人工费用、作业消耗、物品消耗、利息支出、管理费用等,将其按一定对象进行汇集就构成了配送成本。配送成本的高低直接关系到配送中心的利润,进而影响连锁企业利润的高低。因此,如何以最少的配送成本"在适当的时间将适当的产品送达适当的地方",是摆在企业面前的一个重要问题,对配送成本进行控制变得十分重要。其成本应由以下费用构成。

1. 配送运输费用

运费是由运输成本、税金和利润构成的,其具体数量一般都有法律法规约束。配送费用占物流费用比重大,而运费又在配送成本中占据主要地位,是影响物流费用的主要因素。

2. 储存保管费用构成

储存保管费用是指物资在储存、保管过程中所发生的费用。因为储存活动是生产过程在流通领域的继续,故储存保管费用的性质属于生产性流通费用。

1) 储运业务费用

储运业务费用是指货物在经济活动过程中所消耗的物化劳动和活劳动的货币表现。因为配送中心主要经营业务是组织物品的配送,其中必然要包括储存和保管,这是生产过程在流通领域内继续有所消耗的劳动,由此所发生的储运业务费用是社会必要劳动的追加费用。

虽然这种劳动不会提高和增加物资的使用价值,但参加物资价值的创造,增加物资的价值。储运业务费用主要由仓储费、进出库费、代运费、机修费、验收费、代办费、装卸费、管理费组成。

2) 仓储费

仓储费专指物资存储、保管业务发生的费用。仓储费主要包括仓库管理人员的工资,物资在保管保养过程中的苫垫、防腐、堆垛等维护保养费,固定资产折旧费以及低值易耗品的摊销、修理费、劳动保护费、动力照明费等。

3) 进出库费

进出库费是指物资进出库过程中所发生的费用。进出库费用主要包括进出库过程中装卸搬运和验收等所开支的工人工资、劳动保护费等,固定资产折旧费以及大修理费、照明费、材料费、燃料费、管理费等。

4) 服务费用

配送中心在对外保管过程中所消耗的物化劳动和活劳动的货币表现。

3. 包装费用构成

包装起着保护产品、方便储运、促进销售的作用。它是生产过程中的一个重要组成部分,绝大多数商品只有经过包装,才能进入流通领域。据统计,包装费用占全部流通费用的 10% 左右,有些商品(特别是生活消费品)包装费用高达 50%。而配送成本中的包装费用,一般是指为了销售或配送的方便所进行的再包装的费用。

1) 包装材料费用

常见的包装材料有木材、纸、金属、自然纤维和合成纤维、玻璃、塑料等。这些包装材料功能不同,成本相差也很大。物资包装花费在材料上的费用称为包装材料费用。

2) 包装机械费用

现代包装发展的重要标志之一是包装机械的广泛运用。包装机械不仅可以极大地提高包装的劳动生产率,也可以大幅度地提高了包装的水平。然而,包装机械的广泛使用,也使得包装费用明显提高。

3) 包装技术费用

由于物资在物流过程中可能受到外界不良因素的影响,因此,物资包装时要采取一定的措施,如缓冲包装技术、防震包装技术、防潮包装技术、防锈包装技术等。这些技术的设计、实施所支出的费用,合称为包装技术费用。

4) 包装辅助费用

除上述包装费用外,还有一些辅助性费用,如包装标记、标志的印刷、拴挂费用等的支出等。

5）包装人工费用

从事包装工作的工人以及相关人员的工资、奖金、补贴的费用总和即包装人工费用。

4. 流通加工费用构成

为了提高配送效率,便于销售,在物资进入配送中心后,配送必须按照用户的要求进行一定的加工活动,这便是流通加工。由此而支付的费用称为流通加工费用。

1）流通加工设备费用

流通加工设备因流通加工的形式不同而不同。比如,剪板加工需要剪板机、木材加工需要电锯等,购置这些设备所支出的费用,以流通加工的形式转移到被加工的产品中去。

2）流通加工材料费用

在流通加工过程中,投入加工过程的一些材料(如包装加工要投入包装材料、天然气的液化加工所需要的容器等)消耗所需要的费用,即流通加工材料费用。

3）流通加工劳务费用

在流通加工过程中从事加工活动的管理人员、工人以及有关的人员工资、奖金等费用的总和,即流通加工劳务费用。应当说明,流通加工劳务费用的大小与加工的机械化程度和加工形式存在密切关系。一般来说,加工的机械化程度越高,则流通加工劳务费用越低;反之则流通加工劳务费用越高。

4）流通加工其他费用

除上述费用之外,在流通加工中耗用的电力、燃料、油料等费用,也应加到流通加工费用中去。

二、仓储与配送成本控制

(一)仓储成本的控制

1. 仓储成本控制的原则

1）政策性原则

(1)处理好质量和成本的关系。不能因片面追求降低储存成本,而忽视存储货物的保管要求和保管质量。

(2)处理好国家利益、企业利益和消费者利益关系。降低仓储成本从根本上说对国家、企业、消费者都是有利的,但是如果在仓储成本控制过程中,采用不适当的手段损害国家和消费者的利益,就是错误的,应予避免。

2）全面性原则

仓储成本涉及企业管理的方方面面,因此,控制仓储成本要全员、全过程和全方位控制。

3）经济性原则

经济性原则主要强调,推行仓储成本控制而发生的成本费用支出,不应超过因缺少控制而丧失的收益,同销售、生产、财务活动一样,任何仓储管理工作都要讲求经济效益,为了建立某项严格的仓储成本控制制度,需要发生一定的人力或物力支出,但这种支出要控制在一定的范围之内,不应超过建立这项控制所能节约的成本。

经济性原则在很大程度上,使企业只在仓储活动的重要领域和环节上对关键的因素加以控制,而不是对所有成本项目都进行同样周密的控制。

经济性原则要求仓储成本控制要能起到降低成本、纠正偏差的作用,并具有实用、方便、易于操作的特点。经济性原则还要求管理活动遵循重要性原则,将注意力集中于重要事项,对一些无关大局的成本项目可以忽略。

2. 降低仓储成本的措施

仓储成本管理是仓储企业管理的基础,对提高整体管理水平、提高经济效益有重大影响,但是由于仓储成本与物流成本的其他构成要素,如运输成本、配送成本以及服务质量和水平之间存在二律背反的现象。因此,降低仓储成本要在保证物流总成本最低和不降低企业的总体服务质量与目标水平的前提下进行,常见的措施如下。

1) 采用"先进先出"方式,减少仓储物的保管风险

"先进先出"是储存管理的准则之一,它能保证每个被储物的储存期不至于过长,减少仓储物的保管风险。

2) 提高储存密度,提高仓容利用率

这样做的主要目的是减少储存设施的投资,提高单位存储面积的利用率,以降低成本,减少土地占用。

3) 采用有效的储存定位系统,提高仓储作业效率

储存定位的含义是被储存物位置的确定。如果定位系统有效,能大大节约寻找、存放、取出的时间,节约不少物化劳动及活劳动,而且能防止差错,便于清点及实行订货点等的管理方式。储存定位系统可采取先进的计算机管理,也可采取一般人工管理。

4) 采用有效的检测清点方式,提高仓储作业的准确程度

对储存物资数量和质量的监测有利于掌握仓储的基本情况,也有利于科学控制库存。在实际工作中稍有差错,就会使账物不符,所以,必须及时且准确地掌握实际储存情况,经常与账卡核对,确保仓储物资的完好无损,这是人工管理或计算机管理时必不可少的。此外,经常的监测也是掌握被存物资数量状况的重要工作。

5) 加速周转,提高单位仓容产出

储存现代化的重要课题是将静态储存变为动态储存,周转速度一快,会带来一系列的好处:资本运转快、资本效益高、货损货差小、仓库吞吐能力增加、成本下降等。具体做法诸如采用单元集挟存储,建立快速分拣系统,都有利于实现快进快出、大进大出。

6) 采取多种经营,盘活资产

仓储设施和设备的巨大投入,只有在充分利用的情况下才能获得收益,如果不能投入使用或者只是低效率使用,只会造成成本的加大。仓储企业应及时决策,采取出租、借用、出售等多种经营方式盘活这些资产,提高资产设备的利用率。

7) 加强劳动管理

工资是仓储成本的重要组成部分,劳动力的合理使用,是控制人员工作的基本原则。我国是具有劳动力优势的国家,工资较为低廉,较多使用劳动力是合理的选择。但是对劳动进行有效管理,避免人浮于事,出工不出力或者效率低下也是成本管理的重要方面。

8) 降低经营管理成本

经营管理成本是企业经营活动和管理活动的费用与成本支出,包括管理费、业务费、

交易成本等。加强该类成本管理,减少不必要支出,也能实现成本降低。当然,经营管理成本费用的支出时常不能产生直接的收益和回报,但也不能完全取消,因而加强管理是很有必要的。

(二)配送成本的控制

1. 影响配送成本的因素

1)与产品有关的因素

(1)配送物的数量和重量。

数量和重量增加虽然会使配送作业量增大,但大批量的作业往往使配送效率提高。配送的数量和重量是委托人获得活动折扣的理由。

(2)货物种类及作业过程。

不同种类的货物配送难度不同,对配送作业的要求不同,承担的责任也不一样,因而对成本会产生较大幅度的影响。采用原包装配送的成本支出显然要比配装配送要低,因而不同的配送作业过程直接影响到成本。

(3)外部成本。

配送经营时或许要使用到配送企业以外的资源,比如,当地的起吊设备租赁市场具有垄断性,则配送企业就需要租用起吊设备,从而增加成本支出。若当地的路桥普遍收费且无管制,则必然使配送成本高居不下。

2)与市场有关的因素

(1)时间。

配送时间持续的后果是占用了配送中心,耗用仓储中心的固定成本。而这种成本往往表现为机会成本,使得配送中心不能提供其他配送服务获得收入或者在其他配送服务上增加成本。

(2)距离。

距离是构成配送成本的主要内容。距离越远,也就意味着运输成本增高,同时造成运输设备增加,送货员工增加。

2. 配送成本的控制

配送成本的控制,应从以下四个方面进行。

1)加强配送的计划性

在配送活动中,临时配送、紧急配送或无计划的随时配送都会大幅度增加配送成本。临时配送由于事先计划不善,未能考虑正确的装配方式和恰当的运输路线,到了临近配送截止时期时,不得不安排专车,单线进行配送,造成车辆不满载,里程多。

紧急配送往往只要求按时送货,来不及认真安排车辆配装及配送路线,从而造成载重和里程的浪费。而为了保持服务水平,又不能拒绝紧急配送。但是如果认真核查并有调剂准备的余地,紧急配送也可纳入计划。

随时配送对订货要求不做计划安排,有一笔送一次。这样虽然能保证服务质量,但是不能保证配装与路线的合理性,也会造成很大浪费。

为了加强配送的计划性,需要制定配送申报制度。所谓配送申报制度,就是零售店订货申请制度。解决这个问题的基本原则:在尽量减少零售店存货、尽量减少缺货损失的前提下,相对集中各零售店的订货。应针对商品的特性制定相应的配送申报制度。

2) 确定合理的配送路线

配送路线合理与否对配送速度、成本、效益影响很大,因此,采用科学方法确定合理的配送路线是配送的一项重要工作。确定配送路线可以采用各种数学方法和在数学方法基础上发展与演变出来的经验方法。无论采用何种方法都必须满足一定的约束条件。一般配送的约束条件有以下五点。

(1) 满足所有零售店对商品品种、规格、数量的要求。

(2) 满足零售店对货物到达时间范围的要求。

(3) 在交通管理部门允许通行的时间内进行配送。

(4) 各配送路线的商品量不超过车辆容积及载重量的限制。

(5) 在配送中心现有的运力允许的范围之内配送。

3) 进行合理的车辆配载

各分店的销售情况不同,订货也就不大一致,一次配送的货物可能有多个品种。这些商品不但包括形态、出运性质不一,而且密度差别较大。密度大的商品往往达到了车辆的载重量,但体积空余很大,密度小的商品虽然达到车辆的最大体积,但达不到载重量。实行轻重配装,既能使车辆满载,又能充分利用车辆的有效体积,会大大降低运输费用。

4) 量力而行建立计算机管理系统

在物流作业中,分拣、配货要占全部劳动的 60%,而且容易发生差错。如果在拣货配货中运用计算机管理系统,应用条码,就可使拣货快速、准确,配货简单、高效,从而提高生产效率,节省劳动力,降低物流成本。

3. 降低配送成本的五种策略

1) 混合策略

混合策略是指配送业务一部分由企业自身完成。这种策略的基本思想是,尽管采用纯策略(即配送活动要么全部由企业自身完成,要么完全外包给第三方物流完成)易形成一定的规模经济,并使管理简化,但由于产品品种多变、规格不一、销量不等等情况,采用纯策略的配送方式超出一定程度不仅不能取得规模效益,反而会造成规模不经济。而采用混合策略,合理安排企业自身完成的配送和外包给第三方物流完成的配送,能使配送成本最低。

2) 差异化策略

差异化策略的指导思想:产品特征不同,顾客服务水平也不同。当企业拥有多种产品线时,不能对所有产品都按同一标准的顾客服务水平来配送,而应按产品的特点、销售水平来设置不同的库存、不同的运输方式以及不同的储存地点,忽视产品的差异性会增加不必要的配送成本。

3) 合并策略

合并策略包含两个层次,一个是配送方法上的合并;另一个则是共同配送。

配送方法上的合并是指企业在安排车辆完成配送任务时,充分利用车辆的容积和载重量,做到满载满装,是降低成本的重要途径。由于产品品种繁多,不仅包装形态、储运性能不一,在容重方面,也往往相差甚远。一车上如果只装容重大的货物,往往是达到了载重量,但容积空余很多;只装容重小的货物则相反,看起来车装得满,实际上并未达到车辆载重量。

这两种情况实际上都造成了浪费。实行合理的轻重配装、容积大小不同的货物搭配装车,就可以不但在载重方面达到满载,而且也充分利用车辆的有效容积,取得最优效果。最好是借助计算机计算货物配车的最优解。

共同配送是一种产权层次上的共享,也称集中协作配送。它是几个企业联合集小量为大量共同利用同一配送设施的配送方式,其标准运作形式:在中心机构的统一指挥和调度下,各配送主体以经营活动(或以资产为纽带)联合行动,在较大的地域内协调运作,共同对某一个或某几个客户提供系列化的配送服务。

这种配送有以下两种情况。

(1) 中小生产、零售企业之间分工合作实行共同配送,即同一行业或在同一地区的中小型生产、零售企业单独进行配送的运输量少、效率低的情况下进行联合配送,不但可减少企业的配送费用,配送能力得到互补,而且有利于缓和城市交通拥挤,提高配送车辆的利用率。

(2) 几个中小型配送中心之间的联合,针对某一地区的用户,由于各配送中心所配物资数量少、车辆利用率低等原因,几个配送中心将用户所需物资集中起来,共同配送。

4) 延迟策略

传统的配送计划安排中,大多数的库存是按照对未来市场需求的预测量设置的,这样就存在着预测风险,当预测量与实际需求量不符时,就出现库存过多或过少的情况,从而增加配送成本。延迟策略的基本思想就是对产品的外观、形状及其生产、组装、配送应尽可能推迟到接到顾客订单后再确定。一旦接到订单就要快速反应,因此采用延迟策略的一个基本前提是信息传递要非常快。

实施延迟策略常采用两种方式:生产延迟(或称形成延迟)和物流延迟(或称时间延迟),而配送中往往存在着加工活动,所以实施配送延迟策略既可采用形成延迟方式,也可采用时间延迟方式。具体操作时,常常发生在诸如贴标签(形成延迟)、包装(形成延迟)、装配(形成延迟)和发送(时间延迟)等领域。

5) 标准化策略

标准化策略就是尽量减少因品种多变而导致附加配送成本,尽可能多地采用标准零部件、模块化产品。如服装制造商按统一规格生产服装,直到顾客购买时才按顾客的身材调整尺寸大小。

采用标准化策略要求厂家从产品设计开始就要站在消费者的立场去考虑怎样节省配送成本,而不要等到产品定型生产出来了才考虑采用什么技巧降低配送成本。

三、成本预测与决策

物流成本预测是指根据有关成本数据和企业具体发展情况,运用一定的科学方法,对未来成本水平及其变动趋势做出科学的估计。通过成本预测,掌握未来的成本水平及其变动趋势,有助于减少决策的盲目性,使经营管理者易于选择最优方案,做出正确决策。成本预测是成本管理的重要环节,实际工作中必须予以高度重视。

成本预测的特点：预测过程的科学性、预测结果的近似性、预测结论的可修正性。

（一）成本预测程序

（1）根据企业总体目标提出初步成本目标。

（2）初步预测在目前情况下成本可能达到的水平，找出达到成本目标的差距。其中初步预测，就是不考虑任何特殊的降低成本措施，按目前主客观条件的变化情况，预计未来时期成本可能达到的水平。

（3）考虑各种降低成本方案，预计实施各种方案后成本可能达到的水平。

（4）选取最优成本方案，预计实施后的成本水平，正式确定成本目标。

以上成本预测程序表示的只是单个成本预测过程，而要达到最终确定的正式成本目标，这种过程必须反复多次。也就是说，只有经过多次的预测、比较以及对初步成本目标的不断修改、完善，才能最终确定正式成本目标，并依据本目标组织实施成本管理。

（二）成本预测的方法

1. 定量预测法

定量预测法是根据比较完备的历史和现状统计资料，运用数学方法对资料进行科学的分析、处理，找出预测目标与其他因素的规律性联系，从而推算出未来的发展变化情况。

定量预测法可以分为两大类，一类是时间序列分析法；一类是因果关系分析法，这里主要介绍时间序列分析法。

时间序列是指同一经济现象或特征值按时间先后顺序排列而成的数列。时间序列分析法是运用数学方法找出数列的发展趋势或变化规律，并使其向外延伸，预测市场未来的变动趋势。时间序列分析法应用范围比较广泛，如对商品销售量的平均增长率的预测、季节性商品的供求预测、产品的生命周期预测等。

2. 趋势预测法

趋势预测法也称作时间数列预测分析法。所谓时间数列，就是指按时间顺序排列有关的历史成本资料，运用一定的数学模型和方法进行加工计算并预测的各类方法。这种方法之所以能够用来进行预测分析，是基于这种假设：即事物的发展具有一定的连贯性，一定的事物过去随时间而发展变化的趋势，也是今后该事物随时间而发展变化的趋势。

3. 定性预测法

定性预测法由熟悉情况和业务的专家根据过去的经验进行分析、判断，提出预测意见，或是通过实地调查的形式来了解成本耗用的实际情况，然后再通过一定的形式（如座谈会、函询调查征集意见等）进行综合，作为预测未来的主要依据。

定性预测法主要是在没有历史资料，或主客观条件有了很大的改变，不可能根据历史资料来推断的情况下应用。

4. 成本预测的高低点法

成本预测的高低点法是指根据企业一定期间产品成本的历史资料，按照成本习性原理和 $y=a+bx$ 直线方程式，选用最高业务量和最低业务量的总成本之差，同两种业务量之差进行对比，先求 b 的值，然后再代入原直线方程，求出 a 的值，从而估计推测成本发展趋势。这种方法简便易行，在企业的产品成本变动趋势比较稳定的情况下，较为适宜。

【例 7-1】 某工厂 1~6 月有关产量和成本的资料如表 7-2 所示，7 月预计产量为 2900 件。

表 7-2 某工厂 1~6 月产量、成本

月份	1	2	3	4	5	6	合计
产量(件)	2250	2400	2500	2400	2600	2850	15000
成本(元)	12 500	13 300	14 500	13 600	14 600	15 500	84 000

单位变动成本$(b) = \dfrac{15\ 500 - 12\ 500}{2850 - 2250} = 5(元)$

固定成本总额$(a) = 15\ 500 - 5 \times 2850 = 1250(元)$

成本方程为 $y = 1250 + 5 \times b$

7 月预计成本 $= 1250 + 5 \times 2900 = 15\ 750(元)$

(三) 物流成本决策

物流成本决策是在成本预测的基础上，结合其他有关资料，运用一定的科学方法，从若干个方案中选择一个满意的方案的过程。从整个物流过程来说，有配送中心新建、改建、扩建的决策；装卸搬运设备、设施添置的决策；流通加工合理下料的决策等。进行成本决策、确定目标成本是编制成本计划的前提，也是实现成本的事前控制，提高经济效益的重要途径。

1. 物流成本决策的基本程序

(1) 确定决策目标。决策目标要求要具体化、定量化，并且要明确约束条件。
(2) 提出备选方案。
(3) 收集整理与备选方案相关的资料。
(4) 通过定量分析对备选方案做出初步评价。
(5) 考虑其他因素影响，确定最优方案。

2. 物流成本决策中应注意的问题

(1) 应全面考虑物流各种成本因素。
(2) 注意决策成本。
(3) 站在综合物流的角度设计决策方案。
(4) 注意决策相关和非相关成本的划分。
(5) 尽量避免决策失误导致的沉没成本。
(6) 考虑企业资源的机会成本。

第二节 仓储与配送的绩效评估

一、仓储与配送管理绩效评估指标的选取

绩效评估作为一项有效的管理工具，在物流领域中开始广泛应用。指标体系的确定是绩效评估的核心环节。物流与配送管理绩效评估指标的确立应以客户至上为理念，按

内部绩效评估指标和外部绩效评估指标进行项目划分。有效的绩效衡量和控制,对物流环节中的仓储和配送是非常必要的。

关于物流绩效评估指标,学者提出的观点各不相同,各有侧重点,再加上评估对象的不同,指标体系的选取更是灵活多样。但是,理想的评估指标应满足以下基本原则:能够反映企业自身的特点;能够反映顾客对企业产品或服务的要求;具有代表性的全面性,与企业的发展目标和战略规划相一致,等等。

二、仓储管理绩效评估

仓储管理绩效评估是指在一定的经营期间内仓储企业利用指标对经营效益和经营业绩以及服务水平进行考核,以加强仓储管理工作,提高管理的业务和技术水平。

企业经营效益主要表现在盈利能力、资产营运水平、偿还债务能力和后续发展能力等方面。经营业绩主要通过经营者在经营管理企业的过程中对企业的经营和发展所做贡献反映出来。评估内容重点在盈利能力、资产营运水平、偿还债务能力、服务水平和后续发展能力方面;评估的主要依据是准确反映这些内容的各项定量指标及定性指标。将这些指标同全国甚至世界同行业、同规模的平均水平比较,从而获得一个公正、客观地评估结论。

(一)仓库生产绩效考核指标的制定应遵循的原则

1. 科学性原则

科学性原则要求所设计的指标体系能够客观、如实地反映仓储生产的所有环节和活动要素。

2. 可行性原则

可行性原则要求所设计的指标便于工作人员掌握和运用,数据容易获得,便于统计计算,便于分析比较。

3. 协调性原则

协调性原则要求各项指标之间相互联系、相互制约,但是不能相互矛盾和重复。

4. 可比性原则

在对指标的分析过程中很重要的是对指标进行比较,如实际完成与计划相比,现在与过去相比,与同行相比等,所以可比性原则要求指标在期间、内容等方面一致,使指标具有可比性。

5. 稳定性原则

稳定性原则要求指标一旦确定,应在一定时期内保持相对稳定,不宜经常变动,频繁修改。在执行一段时间后,经过总结再进行改进和完善。

(二)仓储生产绩效考核指标的管理

在制定出仓储生产绩效考核指标之后,为了充分发挥指标在仓储管理中的作用,仓储部各级管理者和作业人员应进行指标的归口、分级和考核。

1. 实行指标的归口管理

指标制定的目标能否完成,与仓储企业每个员工的工作有直接联系,其中管理者对指标的重视程度和管理方法更为关键。将各项指标按仓储职能机构进行归口管理,分工负责,使每项指标从上到下层层有人负责,可以充分发挥各职能机构的积极作用,形成一个完整的指标管理系统。

2. 分解指标落实到人

这一系列的仓储生产绩效考核指标需要分解,分级落实到仓库各个部门,各个班级,直至每个员工,使每级部门,每个班级,每个员工明确自己的责任和目标。

3. 开展指标分析,实施奖惩

定期进行指标执行情况的分析,是改善仓储部工作,提高仓储经济效益的重要手段。只有通过指标分析,找出差距,分析原因,才能对仓储部的生产经营活动做出全面的评估,才能促进仓储部工作水平不断提高。

(三)仓储生产绩效考核指标体系

仓储生产绩效考核指标体系是反映仓库生产成果及仓库经营状况各项指标的总和。指标的种类由于仓储部在供应链中所处的位置或仓储企业经营性质的不同而有繁有简,有的企业或部门把指标分为六大类,即反映仓储生产成果数量的指标,反映仓储生产质量的指标,反映仓储生产物化劳动和活劳动消耗的指标,反映仓储生产作业物化劳动占用的指标,反映仓储生产劳动效率的指标和反映仓储生产经济效益的指标。

1. 反映仓储生产成果数量的指标

反映仓储生产成果数量的指标主要是吞吐量、库存量、存货周转率等。

1)吞吐量

吞吐量是指计划期内仓库中转供应货物的总量,计量单位通常为"吨",计算公式如下:

$$吞吐量 = 入库量 + 出库量 + 直拨量$$

入库量是指经仓库验收入库的数量,不包括不具备验收条件货物的数量;出库量是指按出库手续已经交给用户或承运单位的数量,不包括备货代发运的数量;直拨量是指企业在车站、码头、机场、供货单位等提货点办理完提货手续后,直接将货物从提货点分拨转运至客户的数量。

2)库存量

库存量通常是指计划期内的日平均库存量。该指标同时也反映仓储平均库存水平和库存利用状况。其计量单位为"吨",计算公式如下:

$$月平均库存 = \frac{月初库存量 + 月末库存量}{2}$$

$$年平均库存 = \frac{各月平均库存量之和}{12}$$

库存量是指仓库内所有纳入仓库经济技术管理范围的全部本单位和代存单位的物品数量,不包括待处理、待验收的物品数量。月初库存量等于上月月末库存量,月末库存量等于月初库存量加上本月入库量再减去本月出库量。

3)存货周转率

库存量指标反映出的是一组相对静止的库存状态,而存货周转率更能体现仓库空间的利用程度和流动资金的周转速度。从现代仓储经营的角度来看,仓库中物品的停留时间应越短越好。存货周转率的计算公式如下:

$$存货周转率 = \frac{销售成本}{存货平均余额} \times 100\%$$

存货平均余额为年初数加年末数除以2。

2. 反映仓储生产质量的指标

仓储生产质量是指物资经过仓库储存阶段,其使用价值满足社会生产的程度和仓储服务工作满足货主和用户需求的程度。由于库存货物的性质差别较大,货主所要求的物流服务内容也不尽相同,所以,各仓储或物流企业反映仓储生产作业质量的指标体系的繁简程度会有所不同。通常情况下,反映仓储生产质量的指标主要是收发差错率(收发正确率)、业务赔偿率、物品损耗率、账实相符率、缺货率,等等。

1) 收发差错率(收发正确率)

收发差错率是以收发货所发生差错的累计笔数占收发货物总笔数的百分比来计算,此项指标反映仓储部门收发货的准确程度。其计算公式如下:

$$收发差错率 = \frac{收发差错累计笔数}{储存货物总笔数} \times 100\%$$

$$收发正确率 = 1 - 收发差错率$$

收发差错包括因验收不严、责任心不强而造成的错收、错发,不包括丢失、被盗等因素造成的差错,这是仓储管理的重要质量指标。通常情况下,仓储部的收发货差错率应控制在0.5%的范围内。而对于一些单位价值高的物品或有特别意义的物品,客户将会要求仓储部的首发正确率保证是100%,否则将根据合同予以索赔。

2) 业务赔偿率

业务赔偿率是以仓储部在计划期内发生的业务赔罚款占同期业务总收入的百分比来计算,此项指标反映仓储部门履行合同的质量。其计算公式如下:

$$业务赔偿率 = \frac{业务赔罚款总额}{业务总收入} \times 100\%$$

业务赔罚款是指在入库、保管、出库阶段,由于管理不严、措施不当造成库存物的损坏或丢失所支付的赔款和罚款,以及为延误时间等所支付的罚款,意外灾害造成的损失不计。业务总收入是指计划期内仓储部门在入库、储存、出库阶段提供服务所收取的费用总和。

3) 物品损耗率

物品损耗率是指保管期间,某种货物自然减量的数量占该种货物入库数量的百分比,此项指标反映仓储货物保管和维护质量与水平。其计算公式如下:

$$物品损耗率 = \frac{货物损耗量}{期内货物保管总量} \times 100\%$$

或

$$物品损耗率 = \frac{货物损耗额}{货物保管总量} \times 100\%$$

物品损耗率指标主要用于易挥发、易流失、易破碎的货物,仓储部与货主根据货物的性质在仓储合同中规定一个相应的损耗上限。当实际损耗率高于合同中固定的损耗率时,说明仓储部管理不善,对于超限损失部分要给予赔付;反之,说明仓储部管理更有成效。

4) 账实相符率

账实相符率是指在进行货物盘点时,仓库保管的货物账面上的结存数与库存实有数

量的相互符合程度。在对库存货物进行盘点时,要求根据账目逐笔与实物进行核对。其计算公式如下:

$$账实相符率=\frac{账实相符笔数}{储存货物总笔数}\times 100\%$$

或

$$账实相符率=\frac{账实相符件数}{期内储存总件数}\times 100\%$$

通过这项指标的考核,可以衡量仓库账面货物的真实程度,反映保管工作的完成质量和管理水平,是避免货物损失的重要手段。

5)缺货率

缺货率反映仓库保证供应,满足客户需求的程度。其计算公式如下:

$$缺货率=\frac{缺货次数}{用户要求次数}\times 100\%$$

通过这项指标的考核,可以衡量仓储部进行库存分析的能力和组织及时补货的能力。

3. 反映仓储生产物化劳动和活劳动消耗的指标

反映仓储生产物化劳动和活劳动消耗的指标包括材料、燃料和动力等库用物资消耗指标;平均验收时间,整车(零担)发运天数,作业量系数等工作时间的活劳动消耗指标;进出库成本,仓储成本等综合反映人力、物力、财力消耗水平的成本指标等。

1)库用物资消耗指标

储存作业的物资消耗指标即库用材料(如防锈油等)、燃料(如汽油和机油等)、动力(如耗电量)的消耗定额。

2)平均验收天数

平均验收天数即每批货物的平均验收天数,其计算公式如下:

$$平均验收天数=\frac{各批验收天数之和}{验收总批数}(天/批)$$

每批货物验收天数是指从货物具备验收条件的第二天起,至验收完毕单据返回财务部门止的累计天数,当日验收完毕并退单的按半天计算。入库验收批数以一份入库单为一批计算。

3)发运天数

仓库贩运的形式主要分为整车、集装箱争相发运和零担发运,所以发运天数的计算公式也就不同,计算公式分别如下:

$$整车平均发运天数=\frac{各车发运天数之和}{发运车总数}(天/车)$$

整车(箱)平均发运天数是从出库调单到库第二日起,到向承运单位点交完毕止的累计天数,在库内专用线发运的物品,是从调单到库第二日起至车皮挂走止的累计天数。

$$零担平均发运天数=\frac{各批零担发运天数之和}{零担发运总批数}(天/批)$$

发运天数指标不但可以反映出仓库在组织出库作业时的管理水平,而且可以反映出当期的交通运输状况。

4) 作业量系数

作业量系数反映仓库实际发生作业与任务之间的关系,其计算公式如下:

$$作业量系数 = \frac{装卸作业总量}{进出库货物数量}$$

作业量系数为1是最理想的,表明仓库装卸作业组织合理。

5) 单位进出库成本和单位仓储成本

单位进出库成本和单位仓储成本综合反映仓库物化劳动和活劳动的消耗。

$$单位进出库成本 = \frac{进出库费用}{进出库物资量}(元/吨)$$

$$单位仓储成本 = \frac{储存费用}{各月平均库存量之和}(元/吨)$$

4. 反映仓储生产作业物化劳动占用的指标

反映储存生产作业物化劳动占用的指标主要有仓库面积利用率、仓容利用率、设备利用率等。

(1) 仓库面积利用率。仓库面积利用率的计算公式如下:

$$仓库面积利用率 = \frac{库房货棚货场占地面积之和}{仓库总占地面积} \times 100\%$$

(2) 仓容利用率。仓容利用率的计算公式如下:

$$仓容利用率 = \frac{仓库平均库存量}{最大库容量} \times 100\%$$

(3) 设备利用率。设备利用率的计算公式如下:

$$设备利用率 = \frac{设备作业总台时}{设备应作业总台时} \times 100\%$$

设备作业总台时是指各台设备每次作业时数的总和,设备应作业总台时是指各台设备应作业时数的总和。计算设备利用率的设备必须是在用的完好设备。

5. 反映仓储生产劳动效率的指标

反映仓储生产劳动效率的指标主要是全员劳动生产率。全员劳动生产率可以用平均每人每天完成的出入库货物量来表示。其计算公式如下:

$$全员劳动生产率 = \frac{全年货物出入库总量(吨)}{全员年工日总数(工日数)}(吨/工日)$$

6. 反映仓储生产经济效益的指标

反映仓储生产经济效益的指标主要有人均利税率等。

仓储生产绩效考核指标的运用会由于各个仓储企业或仓储部门服务对象的不同而导致使用管理的重点产生较大的差异。

(四) 仓储生产绩效考核指标分析的方法

现代仓储企业的各项考核指标是从不同角度反映某一方面的情况,如果仅凭某一项指标很难反映事物的总体情况,也不容易发现问题,更难找到产生问题的原因。因此,要全面、准确地认识仓储企业的现状和规律,把握其发展的趋势,必须对各个指标进行系统而周密的分析,以便发现问题,并透过现象认识内在的规律,采取相应的措施,使仓储企业各项工作水平得到提高,从而提高企业的经济效益。

通过对各项指标的分析,能够全面了解仓储企业各项业务工作的完成情况和取得的绩效,发现存在的问题及薄弱环节,可以全面了解仓储企业设施设备的利用程度和潜力,可以掌握客户对仓储企业的满意程度及服务水平,可以认识仓储企业的营运能力、营运质量及营运效率,从而不断改进各项业务工作,找出规律,为仓储企业的发展规划提供依据。其分析的方法主要有以下几种。

1. 对比分析法

对比分析法是将两个或两个以上有内在联系的、可比的指标(或数量)进行对比,从对比中寻求差距,查找原因。对比分析法是指标分析法中使用最普遍、最简单和最有效的方法。运用对比分析法对指标进行对比分析时,一般都应首先选定对比标志来衡量指标的完成程度。根据分析问题的需要,主要有以下几种对比方法。

1) 计划完成情况的对比分析

计划完成情况的对比分析是将同类指标的实际完成数或预计完成数与计划进行对比分析,从而反映计划完成的绝对数和程度,分析计划完成或未完成的具体原因,肯定成绩、总结经验、找出差距、提出措施。

2) 纵向动态对比分析

纵向动态对比分析是将仓储的同类有关指标在不同时间上对比,如本期与基期(或上期)比、与历史平均水平比、与历史最高水平比等。这种对比反映事物的发展方向和速度,说明当前状态的纵向动态,表明是增长或是降低,然后再进一步分析产生这一结果的原因,提出改进措施。

3) 横向类比分析

横向类比分析是将仓储的有关指标在同一时期相同类型的不同空间条件下对比分析。类比单位的选择一般是同类企业中的先进企业,它可以是国内的,也可以是国外的。通过横向对比,能够找出差距,采取措施,赶超先进。

4) 结构对比分析

结构对比分析是将总体分为不同性质的各部分,然后以部分数值与总体数值之比来反映事物内部构成的情况,一般用百分数表示。例如,在货物保管损失中,可以计算分析因保管不善造成的霉变残损、丢失短少、不按规则验收、错收错付而发生的损失等各占的比例为多少。

应用对比分析法进行对比分析时,需要注意以下几点。

首先,要注意所对比的指标或现象之间的可比性。在进行纵向动态对比分析时,主要是要考虑指标所包括的范围、内容、计算方法、计量单位、所属时间等是否相互适应、彼此协调;在进行横向类比分析时,要考虑对比的单位之间必须是经济职能或经济活动性质、经营规模基本相同,否则就缺乏可比性。

其次,要结合使用各种对比分析方法。每个对比指标只能从一个侧面来反映情况,只作单项指标的对比,会出现片面有时甚至是误导性的分析结果。把有联系的对比指标结合运用,有利于全面、深入地研究分析问题。

最后,还需要正确选择对比的基数。对比基数的选择,应根据不同的分析和目的进行,一般应选择具有代表性的基数。如在进行指标的纵向动态对比分析时,应选择企业发展比较稳定的年份作为基数,这样的对比分析才更具有现实意义,否则与过高或过低的年份作比较,都达不到预期的目的和效果。

2. 因素分析法

因素分析法是用来分析影响指标变化的各个因素以及它们对指标各自的影响程度。因素分析法的基本做法是,假定影响指标变化的诸因素之中,在分析某一因素变动对总指标变动的影响时,只有这一个因素在变动,而其余因素都必须是同度量因素(固定因素),然后逐个进行代替某一项因素单独变化,从而得到每项因素对该指标的影响程度。

在采用因素分析法时,应注意各因素按合理的顺序排序,并注意前后因素按合乎逻辑的衔接原则处理。如果顺序改变,各因素变动影响程度之积(或之和)虽仍等于总指标的变动数,但各因素的影响值就会发生改变,得出不同的答案。

3. 平衡分析法

平衡分析法是利用各项具有平衡关系的经济指标之间的依存情况来测定各项指标对经济指标变动的影响程度的一种分析方法。

4. 帕累托图法(ABC 分析法)

帕累托图法是基于19世纪经济学家维尔弗雷多·帕累托的工作而形成的。帕累托图法虽然简单,却能找到问题及其解决的途径,仓储部也可以通过这种方法找出影响仓库服务质量或作业效率等方面的主要原因。

5. 工序图法

工序图法是一种通过一件产品或服务的形成过程来帮助理解工序的分析方法,用工序流程图标示出各步骤以及各步骤之间的关系。

仓储部可以在指标对比分析的基础上,运用这种方法进行整个仓储流程或某个作业环节的分析,将其中主要问题分离出来,并进行进一步分析。例如,经过对比分析发现货物验收时间出现增加的情况,那么就可以运用工序图法,对验收流程:验收准备→核对凭证→实物检验→入库堆码→上架登账进行分析,以确定导致验收时间增加的主要问题出现在哪一个环节上,然后采取相应的措施。

6. 因果分析图法

因果分析图法也叫石川图(Ishikawa diagram)或鱼刺图(fish-bone chart),每根鱼刺代表一个可能的差错原因,一张鱼刺图可以反映企业或仓储部质量管理中的所有问题。因果分析图可以从物料(material)、机械设备(machinery)、人员(manpower)和方法(methods)四个方面进行,这四个"M"即为原因。

4M 为因果分析提供了一个良好的框架,当系统地将此深入进行下去时,很容易找到可能的质量问题并设立相对的检验点进行重点管理。例如,一些客户对服务的满意度下降,仓储部可以在以上四个方面分析原因,以便改进服务质量。

三、配送管理绩效评估

对配送进行绩效评估是配送管理的重要组成部分,也是改进配送服务的必要手段,及时、准确的绩效评估对配送工作总结经验,继续发展起着非常重要的作用。

（一）配送服务质量的评估及评分标准

1. 配送服务前的评估指标

（1）组织结构的完整性，即是否设有客户服务部，是否设有调度部门。

（2）可联系性，即客户是否能随时联系到配送部门。

2. 配送服务中的评估指标

配送服务中的评估指标如表7-3所示。

表7-3　配送服务中的评估指标

序号	指标名称	指标定义	达标客户数	指标计算结果	指标加权值	备注
1	集货延误率	未按照合同约定时间到达指定集货地点				
2	配送延误率	未按照合同约定时间到达指定配送地点				
3	货物破损率	在集货、城间配送、市内配送及仓库管理中总的货物破损率				
4	在途货物破损率	在集货、城间配送、市内配送中总的破损率，以票数计				
5	货物差错率	在发货过程中，发错、少发及送错的货物占总货物的比率				
6	货物丢失率	在配送过程中货物丢失的比率				
7	签收率	城间配送、市内配送单据签收的比率				
8	签收单返回率	城间配送、市内配送签收单的返回比率				
9	信息准确率	各个部门为指标能够准确地反映客观事实，要求信息准确、完整				
10	城间配送稳定性	根据延误率、货损率、货差率等指标汇总，考评某一条线路在一定时间内的稳定性				

3. 配送服务后的评估指标

配送服务后的评估指标如表7-4所示。

表7-4　配送服务后的评估指标

序号	指标名称	指标定义	达标客户数	指标计算结果	指标加权值	备注
1	通知及时率	到货信息、货损信息、延误信息、及时通知客户率				
2	投诉预警率	在物流各环节，发生问题前给客户满意答复比率				
3	客户满意度	客户及时收货方对配送公司整体满意的比率				
4	索赔赔偿率	客户得到索赔的比率				

(二)配送质量的评估指标

对于配送活动的绩效量化指标可以归纳如下。

1)商品配送量

以实物件为计量单位：

$$商品配送量(吨)=[商品件数 \times 每件商品的毛量(kg)] \div 1000$$

以金额为计量单位：

$$商品配送量(吨)=配送商品的总金额 \div 该类商品每吨的平均金额$$

2)运费损失

按照配送收入计算：

$$损失率=经济损失之和 \div 配送业务收入$$

按照商品价值计算：

$$损失率=经济损失之和 \div 发送抵达商品的总价值$$

3)配送费用水平

$$配送费用水平=配送费用总额 \div 商品纯销售总额$$

4)配送费用效益

$$配送费用效益=经营盈利额 \div 配送费用支出额$$

5)货损货差率

$$货损货差率=货损货差票数 \div 办理商品发送抵达总票数$$

6)配送质量评估指标

$$准时配送率=报告期内准时运送次数 \div 报告期内配送总次数$$

$$车船满载率=车船实际装载率 \div 车船实际装载能力$$

(三)车辆绩效评估指标

1. 车辆绩效评估项目的基本数据资料

(1) 行车里程(实际行驶里程,空载行驶里程);

(2) 行车时间(实际行驶时间,空载行驶时间);

(3) 装载量(重量,体积);

(4) 车辆配置(载重量,车辆数,出勤比例);

(5) 耗油量;

(6) 工作天数;

(7) 肇事车辆数,货物故障件数;

(8) 营运状况(成本,利润)。

2. 车辆运行质量评估指标

车辆运行质量评估指标如表 7-5 所示。

表 7-5　车辆运行质量评估指标

序号	指标名称	指标定义	指标计算结果	备注
1	车辆周转率			
2	车辆实际行驶里程率			
3	车辆装载比率			
4	车辆耗油率			
5	月油效率			
6	轮胎耗用率			
7	人员贡献率			
8	平均车次收入			
9	车辆平均每千米收入			

本章阐述了仓储成本与配送成本的构成、仓储与配送成本的控制策略、仓储与配送生产绩效评估指标等内容。其中,重点对仓储与配送成本控制策略的选取和仓储与配送的绩效评估指标的应用进行了讲解,以培养学生仓储与配送成本控制与绩效管理能力。

实训一　仓储成本分析

1. 工作目标

通过案例模拟,使学生认识仓储成本的构成,懂得仓储成本的管理与控制。

2. 工作准备

(1) 了解仓储成本的构成。

(2) 准备设计相关的表格。

(3) 将全班学生分成若干组。

(4) 工作时间安排 2 学时。

3. 工作任务

江州兴盛物流有限公司企业规模日益扩大,经营业务量逐步递增,但是最近发现企业的利润增长逐步下滑。企业管理层经过初步的分析发现,问题都出在仓储成本上,目前企业仓储成本所占企业总成本的比例已经达到了 30% 左右,还有增长的趋势,现总经理要求仓储部门对仓储成本进行分析,并提出一个可行的控制方案。

实训二　仓储绩效考核

1. 工作目标

通过案例模拟,使学生认识仓储绩效管理的内容和设计,懂得仓储绩效相关内容的管理和考核。

2. 工作准备

(1) 了解仓储绩效管理的内容。

(2) 准备设计相关的表格。
(3) 将全班学生分成若干组。
(4) 工作时间安排2学时。

3. 工作任务

目前有一个图书配送中心,其中有20人的仓储团队,20人团队中包括组长1个,副组长1个,日常工作内容有:收货、清点、上架、取货、核对、盘点、贴标签、装车等。根据企业发展的需要,为了提高生产力和配送中心管理水平,完善原有的工作制度和模式。直面激励各配送中心管理员的积极性、责任心和工作热情,决定推出一套考核标准条款。

鉴于仓库部门的工作多为事务性工作,对该部门员工的考核,主要依据其基本职责的履行及工作目标的完成情况。目前,如果每个月有10 000元要分给这20人,那么通过什么方法可以考核他们的工作,比较公正、公平地分给他们?然后每年年末,又能通过考核制度,决定他们的升职,加工资。

配送中心员工绩效考核细则

一、奖惩办法

本方案主要由配送中心部门经理负责监督执行。配送中心部门主管根据每个员工每天的工作完成情况,依据本方案的相应标准予以打分。结果汇总出来后,按照本方案的相应标准对各个员工给予或扣减相应的绩效工资、绩效奖金。

二、考核来源(一线主管)

每日库房巡视表。

三、考核时间

月份: 被考核人: 考评人: 考评日期:

四、工作(配送中心工作流程)考核(工作质量、目标完成程度)

(一)图书入库

考核分值	考核标准	考核得分
图书的验收 10分	A. 收货人员根据物流公司提供的承运单对图书件数点收,点收无误后并在承运单上签字确认。在承运单上说明点收情况,并做好入库登记单(2分) B. 图书验收员要根据供货商提供的清点对图书进行验收,严格遵行图书接收标准进行验收(2分) C. 验收后,验收员及实物复核员在清单上签字确认(2分) D. 签字确认后由验收员与配送中心数据员交接,并说明验收的实际情况和到货包件的情况(2分) E. 不论到货图书多少,都应予严格验收,必须分清楚图书供货商的实际情况(图书公司、出版社、赠入图书),并在入库登记单上详细说明(2分)	

续表

考核分值	考核标准	考核得分
图书的入库 10分	A. 数据人员根据验收员提供的验收清单,对验收情况进行复核,有差错的应填写差错回执单(如差错大的应与验收员到现场重新复核)并反馈到相关采购部门(2分) B. 根据验收清单在软件上做好基本信息的输入及图书入库工作(2分) C. 数据入库后应填写好入库确认函(2分) D. 配送中心录入员把审核后的入库确认函及差错回执单分成三份,一份确认函及图书清单交至财务,一份交予相关采购人员,一份配送中心留存(2分) E. 不符合标准图书不予接收,验收完后应及时核对打包退货(2分)	

(二) 图书的存储与保管

考核分值(分)	考核标准	考核得分
2	新书上架,应根据图书的类别及数量堆放整理,对于配送少的图书应及时整理上架,合理存放	
2	做好配送中心内的日常卫生工作,保证配送中心卫生的清洁干净	
2	上下班前应检查好门窗,做好图书防潮、防损、防霉的措施,减少图书的损耗	
2	应把破损、发霉、潮湿的图书及时下架处理,并把破损图书交予配送中心录入员	
2	配送中心录入员应做好报损处理或退回图书公司	

(三) 图书的配送

考核分值	考核标准	考核得分
图书配送 5分	A. 配送人员根据配送中心负责人提供的配货单进行分拣配送并严把质量关 B. 图书的配送应以"先进先出"原则配货	
刷单作业 10分	A. 刷书人员根据配送人员挑选后的图书进行刷单作业;在刷单过程中严格把守质量,重复图书,不适合团购单要求的图书应予退回,保证图书配送质量 B. 生成团购订单后,应填写好捐赠回执并附在已配好图书上,后在配送进度表及回执单上签字确认并督促各经办人签字确认手续 C. 已配送好的团购单应及时返至配送中心负责人	
图书盖章打包10分	A. 盖捐赠印章必须盖在扉页空白处,印章必须清晰端正; B. 盖好印章后,打包人员对已配送好的图书进行打包粘贴发货标签,并要在有回执单的外包上注明内有回执单,打完包后复核件数并在进度登记表上签字	

(四) 图书出库

考核分值(分)	考核标准	考核得分
4	物流人员根据团购单及配送进度登记表对包件进行清点复核,复核无误后填写物流承运单和交接清单,并通知专业物流公司发货	
3	图书发出后,团购单转至配送中心负责人审核出库;保持与物流公司协调沟通保证图书的及时到位	
3	同时做好图书出库登记表,保存相应单据,按相应单据编号归类备查	

阅读案例

京东商城的物流模式

京东快递于 2007 年开始建设自有物流体系,2009 年斥巨资成立物流公司,建立覆盖全国的物流配送体系。近几年,京东商城先后在北京、上海、广州、成都、武汉、沈阳建立六大物流中心,并在个别城市建立二级库房。

2010 年建立的"华东物流仓储中心"现如今承担京东商城一半以上的物流配送任务,成为京东商城目前最大的仓储中心。随着物流市场的不断壮大,京东商城应运推出"211 限时达"的物流配送服务,使物流配送更加高效。京东快递的物流配送服务分为以下 4 种模式。

1. FBP 模式

FBP(Fulfill meat By POP)配送模式是一种全托管式的物流配送模式。商家与京东商城确定合作后,商家在京东商城上传店铺信息和标价并进行备货,京东商城在消费者产生订单后从仓库进行调货、打印发票,同时进行货物的配送,京东结束交易后与商家进行结算。

京东商城根据消费者订单进行货物配送和开具发票,商家查看库存信息及时进行补货,从而在配送过程中减少货物运输的成本,减少物流配送成本。由于商家提前进行备货,京东商城能够第一时间进行货物配送,缩短配送时间,做到京东提出的"211 限时达"服务。

2. LBP 模式

LBP(Logistics By POP)配送模式是一种无须提前备货的配送模式。商家与京东商城确定合作后,商家无须备货,只需在 12 小时内对订单进行包装和发货,36 小时内到达京东配送中心,由京东进行货物的配送和发票的开具。

京东商城与商家合作时,只提供配送和客服两项服务,减轻京东库存压力。运用 LBP 模式的优势在于,产生订单后,商家能够第一时间进行配货,发货相对方便。但是货物在配送时需经过京东仓库,所以运输速度有所下降,配送周期有所增加。同时,加大商家的配送运输成本,降低京东的配送效率。

3. SOPL 模式

SOPL(Sales On POP Logistics)配送模式与 LBP 配送模式相似,在配送过程中无须提前备货,直接从商家库房发货。商家与京东商城确定合作后,商家无须备货,只需在 12 小时内对订单进行包装和发货,36 小时内到达京东配送中心,由京东进行货物的配送。

与 LBP 模式不同的是,SOPL 模式的发票开具环节是由商家完成的,京东在整个物流过程中只发挥仅有的配送服务,其他的工作都由商家自己完成。SOPL 模式的运用,一定程度上减轻京东仓储的压力,减少物流配货过程中的配货成本。与 LBP 模式相同,订单的生成和发货从商家开始,会影响货物的发货速度和运输时间,降低配送效率,导致客户满意度下降。

4. SOP 模式

SOP(Sales On POP)配送模式是一种直接由商家发货的物流配送模式,京东在物流过程中不起任何作用。商家与京东商城合作,京东商城只提供可操作的后台,物流配送的工作以及后期服务全部由商家自己完成。京东商城只要求商家在订单产生 12 小时内进行配货发送。

SOP 模式的整个物流配送过程都由商家独自完成,大大降低京东商城的物流配送压力,减少配送支出和运输成本,减轻京东的库存压力。SOP 模式的优势在于商家已有成型的团队同时操作京东平台。

(资料来源:http://www.chinawuliu.com.cn/xsyj/201608/18/314479.shtml)

思考题:
(1) 京东物流配送的四种模式是如何控制配送成本的?
(2) 根据京东物流配送模式,分析配送成本的构成。

思 考 练 习

(1) 简述仓储生产绩效考核指标制定应遵循的原则。
(2) 简述应用对比分析法需要注意的内容。
(3) 仓储和配送成本都分别由哪些因素构成?其影响因素有哪些?
(4) 成本预测可以分为哪几类?

参考文献

[1] 李永生.仓储与配送[M].北京:机械工业出版社,2006.
[2] 朱新民.物流仓储[M].北京:清华大学出版社,2007.
[3] 陆佳平.包装标准化和质量法规[M].北京:印刷工业出版社,2007.
[4] 彭扬.信息技术与物流管理[M].北京:中国物资出版社,2009.
[5] 王登清.仓储与配送管理实务[M].北京:北京大学出版社,2009.
[6] 曹军.仓储与配送管理[M].北京:中国物资出版社,2010.
[7] 李静.配送作业的组织与实施[M].北京:北京理工大学出版社,2010.
[8] 吉亮.仓储与配送管理[M].北京:北京大学出版社,2010.
[9] 刘华.现代物流管理概论[M].北京:清华大学出版社,2010.
[10] 李作聚.回收物流实务[M].北京:清华大学出版社,2011.
[11] 中国仓储协会.中国仓储行业发展报告2012[M].北京:中国财富出版社,2012.
[12] 杨益华,许洪岩.配送管理实务[M].长沙:中南大学出版社,2012.
[13] 邵祥东.仓储与配送实务[M].北京:北京理工大学出版社,2013.
[14] 程晓华.制造业库存控制技巧[M].北京:中国财富出版社,2013.
[15] 张旭凤.库存管理[M].北京:北京大学出版社,2013.
[16] 申纲领.物流案例与实训[M].北京:北京大学出版社,2014.
[17] 薛威.仓储作业管理[M].北京:高等教育出版社,2015.
[18] 王远炼.库存管理精益实战手册[M].北京:人民邮电出版社,2015.
[19] 何庆斌.仓储与配送管理[M].上海:复旦大学出版社,2015.
[20] 赵小柠.仓储管理[M].北京:北京大学出版社,2015.
[21] 冷韶华,吴国华.物流案例与实务[M].北京:清华大学出版社,2015.
[22] 田源.仓储管理[M].北京:机械工业出版社,2015.
[23] 沈默.现代物流案例分析[M].南京:东南大学出版社,2015.
[24] 陈胜利,李楠.仓储管理与库存控制[M].北京:经济科学出版社,2015.
[25] 孙家庆.仓储与配送管理[M].北京:中国人民大学出版社,2016.
[26] 中国物流与采购联合会,中国物流学会.中国物流发展报告(2015—2016版)[M].北京:中国财富出版社,2016.
[27] 人力资源和社会保障部教材办公室.仓储管理员[M].北京:中国劳动社会保障出版社,2016.

推荐网站:

[1] 中华人民共和国交通运输部网,http://www.moc.gov.cn.
[2] 中华人民共和国商务部网,http://www.mofcom.gov.cn.
[3] 中华人民共和国国家邮政局,http://www.spb.gov.cn.
[4] 中国交通运输信息中心,http://www.365tt.com.
[5] 中国物流与采购网,http://www.cflp.org.cn.
[6] 中国仓储协会,http://www.caws.org.cn.
[7] 中国物流产业网,http://www.xd56b.com.
[8] 北京物流公共信息平台,http://www.56beijing.org.
[9] 物流技术与应用,http://www.edit56.com.
[10] 现代物流,http://www.materialflow.com.cn.
[11] 中国企管网,http://www.china-qg.com.

附录

附录1 仓储从业人员职业资质(GB/T 21070—2007)

1. 范围

本标准规定了仓储管理员、仓储经理人员的职业资质条件。

本标准适用于专业仓储、物流企业。生产与流通企业的仓储部门参照使用。

2. 规范性引用文件

下列文件中的条款通过本标准的引用而成为本标准的条款。凡是注日期的引用文件,其随后所有的修改单(不包括勘误的内容)或修订版均不适用于本标准。然而鼓励根据本标准达成协议的各方研究是否可使用这些文件的最新版本。凡是不注明日期的引用文件,其最新版本适用于本标准。

GB/T 18354《物流术语》

3. 术语和定义

3.1 仓储管理员 stock-keeper

仓库内从事与物品仓储作业管理有关的一线操作人员的统称(包括直接从事物品收发、出入库、分拣、理货等工作的人员,不含装卸工)。简称仓管员。

3.2 仓储经理 warehousing manager

从事仓储经营管理活动,具有经营管理权或业务指挥权与生产要素调度配置权的管理者(包括公司层面的仓储、运营经理或总监,分公司的经理或库区经理等)。

4. 仓储管理员职业资质要求

4.1 基本条件

4.1.1 具有仓储、物流专业中专以上学历,经考核合格取得证书。

4.1.2 具有非仓储、物流专业中专(高中)以上学历,经过培训,并考核合格取得证书。

4.1.3 不论学历,从事仓储管理一线操作工作2年以上,经过培训,并考核合格取得证书。

4.2 基本知识

4.2.1 仓储作业流程

4.2.1.1 了解物品验收规则及入、出库程序和分管库房的情况。

4.2.1.2 掌握储存分区、分类、货位编号、定量堆码、动碰复核、盘点对账等工作内容与方法。

4.2.1.3 了解气候、温度变化对仓储作业的影响。

4.2.2 库存物品

4.2.2.1 具有与本岗位有关的物理、化学、商品养护学的基本知识。

4.2.2.2 了解所保管物品的性能、特点。

4.2.2.3 了解所保管物品的储存技术标准及温湿度要求。

4.2.3 仓储工具设备

4.2.3.1 懂得常用仪器、仪表、设备、工具的使用方法和保养知识。

4.2.3.2 掌握计算机相关知识。

4.2.4 安全防护

4.2.4.1 掌握消防安全基本知识和操作规程。

4.2.4.2 了解仓库安全的内容及要求。

4.2.4.3 懂得物品包装储运图示标志及一般消防器材的使用方法。

4.3 基本技能

4.3.1 仓储作业

4.3.1.1 按照有关规范,准确进行日常的物品收、发、保管业务;根据订单进行分拣、拆零、加工、包装、备货等作业。

4.3.1.2 准确地填表、记账和盘点对账。

4.3.1.3 合理地选择仓储设备。

4.3.1.4 合理地进行分区分类、货位编号和堆码苫垫。

4.3.1.5 用感官和其他简易方法鉴别物品的一般质量,正确记录和合理调节库房温湿度。

4.3.1.6 对库存物品进行一般性的保管和养护。

4.3.2 设备工具的使用

4.3.2.1 会操作计算机。

4.3.2.2 正确使用一般装卸搬运、计量、保管、养护、检验、消防、监控设备与设施。

4.3.3 管理技能

4.3.3.1 发现差错和问题,及时处理,准确办理查询、催办及报亏等手续。

4.3.3.2 熟知消防、匪盗等有关电话号码、消防器材的存放地点和使用方法,出现情况能迅速报警,对火灾等灾害采取有效办法及时进行扑救。

4.3.3.3 通过"仓储管理信息系统(WMS)"进行物品出入库、在库等信息的处理(传输、汇总、分析等)。

4.3.3.4 结合本职工作写出书面总结分析报告。

4.3.3.5 指导装卸、搬运人员安全、规范地进行作业。

5. 仓储经理职业资质要求

5.1 基本条件

5.1.1 具有仓储、物流专业大学以上学历,从事相关工作2年以上,经考核合格取得证书。

5.1.2 非仓储、物流专业大学以上学历,从事相关工作3年以上,经过培训,并考核合格取得证书。

5.1.3 取得全国性相关行业组织中级职业资质认证,经考核合格取得证书。

5.1.4 不论学历,从事仓储运作的组织管理工作5年以上,经过培训,并考核合格取得证书。

5.2 业务知识

除具有"仓储管理员"应掌握的相关基本知识外,还应该掌握以下内容。

a) 掌握仓储作业流程、操作规范与管理软件的运用;
b) 熟悉所保管物品的质量标准、储存技术标准、包装技术标准以及物品质量鉴别方法;
c) 掌握常用仪器、仪表及工具、消防器械的基本性能、特点、使用和日常保养知识;
d) 掌握计算机及仓储管理信息系统相关知识。

5.3 理论知识

5.3.1 掌握现代仓储管理、现代仓储技术与设备等方面的知识,基本掌握供应链管理、现代物流管理、现代运输管理等知识。

5.3.2 掌握国家物流、仓储、运输等方面的政策、标准。

5.3.3 全面系统地掌握仓库消防安全各种制度、规定、措施及其操作规程。

5.3.4 掌握仓储成本核算与控制、合理库存与绩效管理等仓储管理的基本知识。

5.3.5 具有一般企业管理所需的财务管理、客户关系管理、质量管理、市场营销、融资管理等方面的知识。

5.3.6 具有领导与管理学、公关关系管理与项目管理知识。

5.3.7 掌握国内外仓储行业发展的基本情况与动态,了解国内外物流业现状与发展趋势。

5.4 技能要求

除具有"仓储管理员"应具有的基本技能外,还应该具有以下能力。

a) 组织领导能力:能够科学调度、配置生产要素资源,能理论联系实际地总结分析业务活动情况,并写出书面报告;
b) 方案设计能力:能够根据客户需要,对仓库运作流程、客户开发方案、客户满意度提高等进行不断改造和提升,为客户量身定制个性化服务方案,能根据有关仓储信息向客户提供信息咨询;
c) 人力资源管理能力:组织员工专业培训和人才开发,编写业务技术专业资料,对仓储管理员进行专业培训,提高仓储管理员的业务素质,改善组织内人力资源结构;
d) 制度建设能力:能够根据业务的现实和发展要求,制定和完善相关业务运作管理、服务质量管理、安全生产管理和分配激励管理等规章制度,并有效地组织执行和实施,及时发现和指导处理各种突发性事件、异常现象和事故隐患,并能正确分析原因,提出预防和改进措施;
e) 过程控制和质量管理能力:能够熟练掌握品质控制(QC)和ISO 9000质量管理体

系要求,加强现场和细节管理,提升发现、分析与处理问题的能力,提高客户满意度;

　　f)运作成本核算能力:科学分析客户质量要求和运作成本关系,保证质量,节约成本;

　　g)信息技术管理能力:运用现代信息技术手段,进行仓储经营与管理,分析、预测在整个仓库管理及保管养护活动中可能发生的各类问题,并能采取相应的预防措施;

　　h)具有一定的谈判、沟通、营销能力。

附录2　仓储服务质量要求(GB/T 21071—2007)

1. 范围

本标准规定了仓储服务的基本质量要求及其评价指标。

本标准适用于专业仓储、物流企业。生产与销售企业的内部仓储服务可参照执行。

2. 规范性引用文件

下列文件中的条款通过本标准的引用而成为本标准的条款。凡是注日期的引用文件,其随后所有的修改单(不包括勘误的内容)或修订版均不适用于本标准。然而鼓励根据本标准达成协议的各方研究是否可使用这些文件的最新版本。凡是不注明日期的引用文件,其最新版本适用于本标准。

GB 2894《安全标志》

GB 13495《消防安全标志》

GB 16179《安全标志使用导则》

GB/T 18354《物流术语》

3. 术语和定义

GB/T 18354 中确定的以及下列术语和定义适用于本标准。

3.1　货位 stack location

用于储存物品的有编号的位置。

3.2　盘点 counting

对储存物品的品种、规格、数量进行清点对账。

4. 仓储服务的基本质量要求

4.1　基本原则

4.1.1　在仓储业务活动过程中贯彻以客户为中心的服务原则。

4.1.2　有健全的质量管理体系。

4.1.3　有健全的持续改进系统。

4.2　信息、单据审核

对客户提供的入出库信息或单据,审核其合法性、有效性及内容的准确性、完整性,确认无误后执行。

4.3　准备与作业

4.3.1　根据客户的入出库预报或单据,提前做好物品入库或出库,包括库区、货位、作业时间、装卸(搬运)机具及作业人员等的安排。

4.3.2 在送货或提货车辆、人员到达后,对车辆进行检查并记录,开始物品入出库作业。

4.4 装卸、堆码

4.4.1 装卸、搬运作业须符合物品包装上的储运图示标志要求,无图示标志要求的以不损坏物品外包装和使用价值为准。

4.4.2 物品堆码实行分区、分类管理,符合仓储管理信息系统的要求。

4.4.3 堆码符合物品理化性质要求;堆码整齐、美观。

4.4.4 对水湿、变质、残损及包装有异状的物品做好记录或按与客户的约定办理,并单独存放。

4.5 交接责任

对入出库物品按规定程序履行检查,交接记录有效。

4.6 单据、数据填写、保管

4.6.1 单据填写规范、完整、准确、清晰。

4.6.2 采集数据完整、准确。

4.6.3 单据按时汇总、装订,在保管期内妥善保管。

4.7 物品在库管理

4.7.1 根据物品特性对在库物品进行定期检查、养护,并建立有效的预警机制,确保安全。

4.7.2 定期盘点,做到账、卡、货相符。

4.8 单据、信息传输

4.8.1 根据客户要求,及时、准确、完整地向客户提供物品入库、出库及在库数据,单据反馈及时、完整、齐全。

4.8.2 及时、准确向客户提供各种意外事件的相关信息。

4.8.3 保证客户物品入库、出库、在库及单据、系统密码等相关信息和资料的保密与安全。

4.9 计量

计量准确,计量单位、误差及工具、设备管理应符合《中华人民共和国计量法》的规定。

4.10 作业场所、标识

4.10.1 库区路面平整无积水,无杂草、杂物。

4.10.2 作业场所干净、整洁。

4.10.3 仓库、库房及货位标识规范、清晰、准确、易辨,符合 GB 2894、GB 16179、GB 13495 的规定。

5. 仓储服务的评价指标

5.1 用途

衡量和考核仓储运作的工作质量。

5.2 评价指标

5.2.1 出库差错率

出库差错率应≤0.1%。

出库差错率是指考核期内发货累计差错件数占发货总件数的比率。按式(1)计算:

$$出库差错率 = \frac{累计差错件数}{发货总件数} \times 100\% \tag{1}$$

5.2.2 责任货损率

责任货损率应≤0.05%。

责任货损率是指考核期内,由于作业不善造成的物品霉变、残损、丢失、短少等损失的件数占期内库存总件数的比率。按式(2)计算:

$$责任货损率 = \frac{期内残存件数}{期内库存总件数} \times 100\% \tag{2}$$

5.2.3 账货相符率

账货相符率应≥99.5%。

账货相符率是指经盘点,库存物品账货相符笔数与储存物品总笔数的比率。按式(3)计算:

$$账货相符率 = \frac{账货相符笔数}{储存物品总笔数} \times 100\% \tag{3}$$

注:同一品种、规格(批次)为一笔。

5.2.4 订单按时完成率

订单按时完成率应≥95%。

订单按时完成率是指考核期内按时完成客户订单数占订单总数的比率。按式(4)计算:

$$订单按时完成率 = \frac{按时完成订单数}{订单总数} \times 100\% \tag{4}$$

5.2.5 单据与信息传递准确率

单据与信息传递准确率应≥99.5%。

单据与信息传递准确率是指考核期内向客户传递的单据、信息的准确次数占单据、数据传递总次数的比率。按式(5)计算:

$$数据与信息传递准确率 = \frac{传递准确次数}{传递总次数} \times 100\% \tag{5}$$

5.2.6 数据与信息传输准时率

数据与信息传输准时率应≥99%。

数据与信息传输准时率是指考核期内按时向客户传输数据、信息的次数占传输总次数的比率。按式(6)计算:

$$数据与信息传输准时率 = \frac{传输准时次数}{传输总次数} \times 100\% \tag{6}$$

5.2.7 有效投诉率

有效投诉率应≤0.08%。

有效投诉率是指考核期内客户有效投诉涉及订单数占订单总数的比率。按式(7)计算:

$$有效投诉率 = \frac{客户有效投诉涉及订单数}{订单总数} \times 100\% \tag{7}$$

注:有效投诉是指因仓储服务商引起的,经查证确属仓储服务商过失的客户投诉。